U0936894

工匠之歌

——献给奋战在生产一线的中国中铁人

中国中铁股份有限公司编委会　组织编写

中国建筑工业出版社

本书编委会

编委会主任： 张宗言　陈　云

编委会副主任： 刘宝龙　章　献　刘成军　刘建媛

编写组组长： 张贺华

编写组副组长： 曹　彬　李景贵

编写组成员： 齐　伟　贾惠平　李新生　刘传刚
李　敏　宋智聪　李　猛　谈　阳
陈　欣　谢学文　仝　婕　王源海
郑海滨　周满芬

序　一

2014 年 5 月 10 日，习近平总书记在视察中铁装备时做出要“推动中国制造向中国创造转变、中国速度向中国质量转变、中国产品向中国品牌转变”的重要指示。

中国中铁作为世界 500 强企业，要落实“三个转变”，离不开大批高素质的技能人才。我们必须大力弘扬“工匠精神”，厚植“工匠文化”，建设一支“知识型、技能型、创新型”劳动者大军，为中国制造业、建造业高质量发展提供坚实的人才支撑。

近年来，中国中铁按照“提素质、拓渠道、增待遇、强管理、树形象”的系统思路，不断创新和完善管理机制，狠抓技能人才队伍建设，取得了一系列丰硕成果，涌现了一大批先进技能人才。巨晓林、窦铁成、白芝勇、秦环兵、王中美就是中国中铁广大技能工人队伍中的杰出代表。他们孜孜以求，追逐知识，诠释极致；他们专注岗位，咫尺匠心，不务虚名；他们锲而不舍，身体力行，传承企业精神；他们精益求精，创造卓越品质，践行“三个转变”。他们的执着体现了高质量发展的内涵，他们散发的精神，正是我们这个时代所急需的。在这些榜样人物的带动下，广大技术工人在各自岗位上敢于奉献、奋勇争先，成为推动中国中铁高质量发展的中坚力量。

凯歌奋进，匠心筑梦。当前，正值全党开展“不忘初心、牢记使命”主题教育之际，我们编撰出版《工匠之歌》，讲述企业优秀技能人才的故事，展示新时代劳动者的风采，很有意义。它一定会引导激励广大员工以先进人物为镜，进一步强化责任感和使命感，激发干事创业的新热情，共同唱响“劳动光荣、技能宝贵、创造伟大”的时代强音，全面增强为推进企业高质量发展和为实现中华民族伟大复兴“中国梦”不懈奋斗的积极性！

中国中铁股份有限公司
党委书记、董事长 张宗言
2019 年 9 月

序　二

党的十九大报告中提出“建设知识型、技能型、创新型劳动者大军，弘扬劳模精神和工匠精神”，中国中铁正是这一要求的践行者。在中国中铁人身上，我们看到了对知识、技能永不满足的追求，对创新、创造苦心孤诣的执着。这些在平凡岗位上做出不平凡业绩的中铁人，以特有的卓越理念和默默无闻的奉献精神，用自己的高超技能和辛勤劳动，诠释了新时代爱岗敬业、攻坚克难、团结协作的工匠精神，激励着全体员工积极投身企业改革发展事业，推动我国不断向交通强国迈进。

当前正值中国中铁建设“具有国际竞争力的世界一流企业”的关键时期，编撰出版《工匠之歌》很具时代感，它弘扬“劳动光荣、技能宝贵、创造伟大”的时代风尚，对推动技能人才队伍建设工作再上新台阶，助力企业实现高质量发展具有重要意义。

先进事迹弥足珍贵，卓越事业催人奋进。在新中国成立 70 周年之际，谨以此书向长期奋战在施工生产一线的广大技能人员致敬！并希望中国中铁广大员工对标先进、立足本职、提高技能、勇于创新，为建设世界一流企业和实现制造强国目标不断做出新的更加突出的贡献！

中国中铁股份有限公司总裁 陈云

2019 年 9 月

目　录

『巨晓林的“中国高铁梦”
——记“改革先锋”，中国中铁工匠技师巨晓林』

采访对象：巨晓林，男，中共党员，1962 年 9 月出生，陕西省岐山县人，现任中铁电气化局第一工程有限公司第六项目（高铁）管理分公司高级技师，国家首批命名的国家级技能大师工作室（接触网专业）带头人。党的十八大、十九大代表，十二届全国人大代表，曾获“中华技能大奖”“全国五一劳动奖章”“全国劳动模范”“全国创先争优优秀共产党员”“改革先锋”等荣誉称号。

他姓巨，虽身高不足 1.7 米，却被称作“小巨人”；他虽只有高中学历，却是国家级技能大师；他说起自己的成绩来总是寥寥带过，却记下近 100 万字的笔记；他的成绩带来 2000 多万元的效益，一直记忆犹新的却还是被奖励的一根冰棍。

他就是巨晓林，1962 年 9 月出生于陕西省岐山县的他，现任中铁电气化局第一工程有限公司第六项目（高铁）管理分公司接触网高级技师，国家首批命名的国家级技能大师工作室（接触网专业）带头人。

参加工作 30 多年来，巨晓林先后参加了大秦线、京沪高铁、合福客专等十几条国家重点电气化铁路工程的施工。先后荣获全国五一劳动奖章、中华技能大奖、全国创先争优优秀共产党员、全国劳动模范。

2011 年 11 月，国家人力资源和社会保障部下发文件，以他的名字命名了接触网工工作室，即“巨晓林技能大师工作室”；2012 年当选党的十八大代表，2014 年当选为第十二届全国人大代表，2016 年 1 月当选中华全国总工会副主席（兼职），2017 年当选为党的十九大代表，2018 年 10 月 26 日再次当选全总兼职副主席，2018 年 12 月 18 日获得“改革先锋”荣誉称号。

从普通的农民工一步步成长为享誉全国的“知识型新型工人、农民工楷模”，巨晓林矢志不渝、自强不息，用信念和意志叩开了梦想的辉煌殿堂，用心血和汗水谱写出人生的精彩华章。

坚定信念，敢于筑梦

20 世纪 50 年代，国家修建的第一条电气化铁路宝成线宝鸡至凤州段经过巨晓林的家乡——陕西省岐山县祝家庄镇杜城村，很多同乡都参加了这条铁路的建设工作。他从小就听到很多铁路工人不怕千难万苦为祖国修建铁路的感人故事，梦想有一天自己也能穿上蓝色制服，成为一名光荣的铁路工人。在得知中铁电气化局集团一公司招收农民工的消息之后，他辞别亲人，背起只有几件干活儿时穿的旧衣服和母亲煮的几个鸡蛋的行囊，赶到 15 公里外的蔡家坡站，踏上了北去的列车。

巨晓林参加全国人民代表大会

怀揣对美好生活的向往，他的职业生涯就在接触网改造的工班里开启了。作为铁路提速的“大动脉”，接触网施工涉及电力、电机、钣金、机械制图等众多专业技术，看着一张张犹如天书的施工图纸和一堆堆叫不上名称的接触网零部件，他真有点发懵。尤其是现场电线像蜘蛛网、施工图纸像天书，只有高中文化的巨晓林顿觉自己是个“睁眼瞎”，电线杆像高楼，高空作业像杂技，他第一次怨起自己个子太矮。可师傅鼓励他说：“只要下苦功，没有学不会的！”他把这句话牢牢地记在心里。上班跟着师傅学，下班黏着师傅问，工友不分长幼，都是他探讨问题的对象；每天肩扛百余斤的电线圈儿，腰缠着几公斤的工具包，在十几米的电线杆爬上爬下。有工友问他：“你一个农民工，学那玩意有啥用？”他回答说：“咱一个农家子弟，找份工作不容易。干，就要干好！咱农民工也要学技术！”从那时起，图纸、书、笔记本，成为他身边必带的3件宝。他铆足了劲儿，为农民工兄弟争口气，一定要在铁路接触网这个领域干出点名堂来。

巨晓林在施工中利用数字式坡度尺进行测量

当时，乡下的父母常年卧病需要钱，一对儿女生活读书需要钱，他省吃俭用补贴家里，可是为了学得更扎实，愣是从牙缝里抠出钱，买回《钣金工艺》《机械制图》《电机学》《电力铁道供电》《接触网》等专业书籍，边查工具书，边学习。实在“抠”不出钱了，他就把工友的旧烟盒、女儿用了一半的作业本订在一起，当起笔记本，写写画画一点不耽误。不管工地转移到哪儿，他就把这些书带到哪儿，一有机会就学习，简直就是自带“流动书柜”。为了支持他学习，工班常打破常规，“特批”他的宿舍可以推迟熄灯时间，工友们也自觉地给他创造安静的学习环境。“要用知识武装自己的头脑，还要用技能提高农民工的地位！”就是凭借着这股“咱农民工也要懂技术”的执着信念，他从一张张图纸、一个个配件、一道道工序，逐步熟练掌握了接触网工程测量技能，并能够开始解决接触网施工中的复杂问题，慢慢具备了指导本工种高级工技能操作的能力。

不懈探索，勇于追梦

1989 年夏天，北同蒲铁路施工接触网架线作业现场，工人们每到一个悬挂点，就需要肩扛电线，在杆塔上爬上爬下，异常辛苦。一天下午，一场大雨突袭，巨晓林披着雨衣留在工地照看工具和材料，他望着杆塔上的悬挂点，琢磨着用什么办法干活才能省点力气。通过观察和测算，他用一个铁丝套挂住滑轮试了试，果然能省不少劲儿。工班弟兄们按照这个办法架线，功效提高了两倍。经专家组论证后，这个方法当即在全线推广。从此，他迷上了工艺改进与创新，在工班和作业队逐渐成为“难不住”，自此“小巨人”的称号在工友中传播开来。

巨晓林在施工现场作业

1998 年，他参与哈大铁路电气化改造。当时，他所在的管段需要安装 300 多组软横跨，工期仅限 30 天，可按传统工艺起码需要 50 天；而且，这次施工首次系统引进了德国成套技术材料，业主和监理对施工质量标准都分外苛刻。艺高人胆大，他研究出一套“SY”导线固定法，使安装效率提高了两倍，而且更安全可靠，工程顺利进入验收阶段。明明是不可能完成的任务，中国人却在如此短的时间内完工，德国技术督导季马教授难以置信，搬出激光测量仪检测施工质量，谁知各项指标远优于指定标准。季马对“金点子”巨晓林连连称赞，“我是督导，可你脑子更灵、技术更好，是督导中的督导！”

2008年，随着京津城际第一列和谐号高铁列车的长鸣，中国进入了高铁时代，从此一个通过高铁接触网让中国腾飞、让世界为之心动的“高铁梦”在巨晓林心中升腾。2010年5月，作为高技能人才，他被选调到京沪高铁参加施工技术攻关，所在的一队三班被正式命名为“巨晓林班组”。一公司为他配备了图书柜、电脑，购买了工具书，还聘任他为“工人导师”。在京沪高铁施工中，他和工友们发扬“挑战新时速，砥砺再奋进”的电气化高铁精神，着眼于解决现场施工难题，对接触网工人攀爬H型钢柱专用脚扣进行技术革新，提高了接触网工人高空作业的安全和效率。他完成的《提高京沪高铁数据测量一次合格率》科研课题，获得中国中铁股份公司最佳成果奖,并在全线推广。在合福客专施工中,他共改进、发明了包括“双级电动隔离开关安装法”“巧摘空中紧线器、滑轮法”等30余项工艺工法，涵盖了高铁接触网施工多道工序。他主导开发的《降低合福客专四电接口施工不合格率》QC成果，保证站前工程的沟槽管道预埋安装一次到位，施工成品全部达到优秀标准，获得全国工程建设优秀质量管理小组一等奖；研制的“支柱限界测量工具”获得国家实用新型专利。

他知道时速350公里的高铁施工和普通铁路施工对工艺和标准的要求有很大区别。每天忙碌在施工现场的他，习惯性地琢磨起了工艺改进。接触网支柱运输时，炮车平衡不好掌握，容易导致支柱一端触地磨损镀锌层，他与团队就一起研制出“炮车运输支柱防磨镀锌法”。在京沪高铁施工现场，他带领技术攻关团队，发明改进了“支柱标高测量法”“悬式绝缘子巧绑扎法”等10项施工工艺工法，为安全优质建成京沪高铁作出了贡献。

模范表率，勤于圆梦

随着我国铁路建设跨越式发展，作为我国电气化行业的国家队和主力军，中国中铁的电气化专业施工队伍的规模和标准化程度也越来越高。“打破旧理念，献身到实践，千百次探索，才有新发现。”这是巨晓林写在工作日记中的一段话。因看到一些新来的工友学习接触网安装技术有点吃力，他萌生了编写一本有关接触网施工经验手册的想法，把自己的经验传授给他们，让他们早一点成为铁路电气化施工的骨干。写书对于一个高中生来说谈何容易？有人说他是自找苦吃，他听了并没有气馁，因为他心里始终揣着一个梦想：“就是要把自己创新的接触网安装技术传授给工友们！”

说干就干，他拿出之前用陕西方言记录的手稿，遇到弄不懂的技术名词就查、就问，在单位领导、工友们和亲人的支持下，经过 3 年多的艰苦努力，2008 年终于完成了《接触网施工经验和方法》书稿的写作。经过中铁电气化局组织有关专家进行科学论证和精心修改后，在 2009 年“五一”前夕编印成书，发到全局数千名接触网工手中，成为工友们干活时的“操作宝典”，填补了国内铁路接触网工技能培训教材的空白。“涉及接触网施工的书很多，比巨师傅理论水平高的也很多，为啥工人们都只爱看巨师傅写的小册子？因为这本书来源于实际，简单实用，一眼就明白！”工友的评价反映了这本让农民工操心操到点上、受益受到心里的书真正走向大伙身边。正是这种让工友少走弯路、少受苦，同时给企业提升效率、赚效益的法子，让广大工友迅速成了他的“粉丝”。

巨晓林在党的十八大北京团分组讨论会上发言

2012 年 11 月 8 日，他肩负北京市 180 万党员的重托，步入神圣的人民大会堂，光荣地出席了党的第十八次全国代表大会。听了报告，晚上他失眠了，头脑里像过电影一样，浮现出大会的情景，心里总有一件事情放不下。从合福客专工地来北京时，工友们托付他好好听报告，把党的好政策带回来。他感到肩上的责任沉甸甸的。

忽然，他心中一动："找到了，找到了……"

他无法抑制内心的喜悦，拿起笔来创作了一幅特别的漫画，这个漫画是一个放大镜，放大镜里面有一颗赤诚的心，他用这颗赤诚的心在十八大报告中找到了方向，找到了党和国家建成小康社会的信心，也找到了自己和亿万农民工兄弟的热切期盼。在参加北京代表团分组讨论时，他展示了自己创作的这幅漫画，在朗诵漫画上《找到新期盼》这首小诗的时候，他再也无法抑制内心的感动，哽咽了。代表们给了他热烈的掌声，这掌声里饱含了理解、饱含了共鸣、饱含了鼓励。十八大新闻中心为他安排了中外媒体集体采访活动，中央电视台、工人日报、北京日报等首都主要新闻媒体在重要时段和显著版面对他作了采访报道——巨晓林成为十八大最受关注的草根明星。

2015 年 3 月 5 日，第十二届全国人民代表大会第三次会议在北京人民大会堂开幕。新增补的全国人大代表、中铁电气化局集团一公司高级技师巨晓林首次参会，代表全国亿万农民工群体，提出了依法维护农民工合法权益的建议，受到新闻媒体广泛关注。

2016 年 1 月 17 日，中华全国总工会十六届四次执委会选举农民工巨晓林为中华全国总工会兼职副主席，全总领导机构首次出现了普通农民工的身影。

为了帮助他尽快进入领导角色、正确履行工会职责，中华全国总工会党组书记、副主席、书记处第一书记李玉赋对他提出殷切期望："晓林同志当选全总副主席，受到社会广泛关注。晓林同志不仅是副主席，还是劳模，还是技能大师，发挥作用的渠道更宽了。既要发挥联系群众、参政议政的作用，又要发挥劳动模范的示范作用和技能大师的传帮带作用。"他表示：

“感谢组织的信任和支持，我一定会加强学习，努力工作，把职工群众的意见带上来，把党的要求和关怀带给职工群众，调动职工群众的积极性创造性，为全面建成小康社会多做贡献！”

2018 年 10 月 29 日，习近平总书记在中南海会见中华全国总工会新一届领导班子成员并与大家一一握手，当再次与总书记温暖的手握到一起的时候，巨晓林感受到总书记的信任和期望，他向总书记简要汇报了自己担任全总兼职副主席的工作情况，饱含深情地说：“我要把再次当选全总兼职副主席作为一个新的起点，忠诚履职、积极作为，努力维护职工合法权益，竭诚服务职工群众，发挥好示范带头作用，同中国中铁和全国亿万职工群众一道，为实现党的十九大提出的目标任务而不懈奋斗，决不辜负总书记的信任和职工群众的期盼。”

巨晓林现场指导年经技能人员

担任全总副主席两年来，他参加了上百次各类社会活动，不仅包括全国两会、北京市两会、中国中铁的党代会、职代会，还有定期召开的全总主席团会议以及各地方调研慰问。虽然在工地从事老本行的时间少了，但是他仍然钟爱着电气化铁路和高速铁路施工技术创新工作。他带领“技能大师工作室”的能工巧匠，以促进安全生产、提高生产效率、提升产品质量和推动节能减排为重点，广泛开展技术攻关、技术革新、发明创造、合理化建议等活动。近两年，工作室取得合理化建议、QC成果等职工技术创新成果346项，有80多项成果获省部级以上表彰，30多项成果已在企业得到应用推广。

巨晓林是新时代产业工人的一面旗帜，也是中国中铁广大技能人才的优秀代表。他从一个普通的农民工成长为国家技能大师、全国劳动模范并参政议政，所有的成长进步都源于他不忘初心、牢记誓言，以强烈的报国情怀、奋斗精神和创造激情，在平凡岗位上一步一个脚印，迈出了坚实的步伐。他以“忠诚、实干、创新、奉献”为基本内涵的“晓林精神”，激励着中国中铁人为实现中国梦不懈奋斗。

（作者：中铁电气化局　张世永）

『永不褪色的勋章

——记共和国“双百人物”，中国中铁工匠技师窦铁成』

采访对象： 窦铁成，男，中共党员，1956 年 10 月出生，陕西蒲城人，中铁一局集团电务工程有限公司高级技师。曾获“中华技能大奖”“全国五一劳动奖章”和“全国劳动模范”等荣誉称号。

没人会想到，一个只有初中学历的普通铁路电力工能代表中国产业工人挑战世界级供电难题；没人会想到，一个从农村走出来的普通孩子能入选“双百”人物，成为社会关注的焦点；更没人会想到，一个基层一线工人，能有幸与总书记围坐一桌，畅谈“中国梦”。

然而，他凭借忠诚企业、爱企如家的主人翁精神，孜孜以求、刻苦钻研的进取精神，恪尽职守、精益求精的敬业精神，勇于攻坚、勇攀高峰的创新精神，团结互助、乐于奉献的团队精神，完成了这一个个从不可能到可能的伟大壮举，成为了时代楷模。他多次受到国家领导人的接见，并成功入选100位新中国成立以来感动中国人物；先后获得中华全国铁路总工会火车头奖章、全国五一劳动奖章、中国首届阳光四海杯“雷锋奖”、第二届全国道德模范提名奖、全国劳动模范、全国优秀共产党员、中华全国总工会“知识型职工标兵”、陕西省十大杰出工人、陕西省“能工巧匠”及西安市“十佳工匠之星”、“时代领跑者——100位新中国成立以来最具影响劳动模范”等多项荣誉；享受国务院特殊津贴。

窦铁成，男，中共党员，1956年10月出生，陕西蒲城人，1986年5月加入中国共产党，中铁一局集团电务工程有限公司电力工高级技师。现任窦铁成技能大师工作室（火车头劳模创新工作室）、电力试验所负责人，曾任陕西省总工会第十三届委员会副主席（兼），被誉为“专家型技术工人”“金牌工人”。先后参与建设了京山铁路、咸铜铁路、京秦铁路、京九铁路、西康铁路、西南铁路、泰赣高速、达成铁路、浙赣铁路、京珠高速、东乌铁路、西成高铁、宝兰高铁、大连地铁、西安地铁等大大小小上百个工程项目。

勤于学习成就“知识型工人”

1969年随家插队到农村，1972年初中毕业后，他被安排在蒲城县一个叫平路庙晋王村的地方干农活。1978年，一个喜讯传到了他的家里，像他这样落户到农村的青年，可以参加招工考试。听到这个喜讯，怀里正抱着1岁多女儿的窦铁成，简直不敢相信自己的耳朵，他和弟弟一起参加了中铁一局电务处的招工考试，双双被录取。可是根据政策，他俩只能有一个人被招录。就在兄弟俩相互推让的时候，母亲为他们做了主：小的还有机会，让大的走！

1980 年，他以优异的成绩考取了中铁一局电力培训班。班上的同学，要么是领工员，要么是工长，都是各单位的精英，而且都是高中生，他感到压力很大。笨鸟先飞，每天他都是第一个走进教室，最后一个离开。周末其他学员有的探亲访友，有的结伴出游，他却一头扎进教室，沉浸在知识的海洋里。培训班所在地华县，离蒲城县只有 70 公里，但是在 7 个月的学习期间，他坚持利用所有能利用的时间专注学习，没有请假回过一次家。正所谓“信心是成功的基石，不管身处什么样的境地，有信心就能产生勇气和力量”。凭借这股子钻劲和平时的不懈付出，他以第一名的优异成绩顺利结业。经过这次学习，他实现了人生的第一个跨越，从一个只有初中文化水平的农民，转变成一个技术熟练的电力工。

1983 年，窦铁成满怀信心来到京山压煤改线和京秦线之间的沱子头变电所，这是他第一次接触变配电施工。当时，工班没有技术员，他想，这

窦铁成在轨道车上指挥施工

下可以大显身手了。可望着一寸半厚的各种图纸和两层高的变电所大楼，他不由得倒吸了一口凉气，自己的那点知识根本无法应对。但是，倔强的他告诫自己：“得从零做起，更要有铁杵磨成针的勇气，再难的知识，只要一点点啃，一点点琢磨、分析，总能悟出个道道来。”于是，他白天干活，晚上把自己关在备用调压器房里，对照专业书籍，一张张图纸、一条条线路、一个个节点地分析解读，设备如何安置、电缆怎么走。工程期间，他把加起来一寸半厚的七套各类不同技术图纸全部画了一遍。最后，工程不仅顺利完工，还获得了国家优质工程银质奖。

1999年，变配电设备的测试开始采用电脑进行分析，已经40多岁的窦铁成立刻买来计算机教材，从最基本的原理学起，慢慢地学会了表格制作、工程制图等，成为中铁一局最早一批掌握电脑设计绘制电力图纸的人。

为了学习电力知识及施工技术，在工资不高、生活不宽裕的情况下，他先后花了近万元购买了《高等数学》《电工学》《电磁学》《电子技术》《电机学》《钣金工艺》《钳工技术》《机械制图》等技术书籍，利用工余时间进行自学，向身边的工友、技术人员甚至徒弟请教。40年的工程生涯里，他边学边干，从荒凉的平原到苦寂的沙漠，从广袤的戈壁到险峻的高山，从西康铁路到乌鞘岭隧道，从广东韶关到内蒙古大草原，加起来足足三大箱的书籍与他一起走南闯北。他坚持学中干、干中学，写学习笔记也成了一种习惯，90余本200多万字的学习笔记，密密麻麻记满了他的成长足迹。工友用手机偷拍的他光着膀子读书、后背被蚊子密密麻麻叮满红包的照片，成了他刻苦学习的真实写照。

善于钻研成就“专家型工人”

“世界上没有两个完全一样的工程，不同的地点、不同的时间就要用不同的办法来施工，可以说每个工程都要创新。在这个创新中，施工技术人员因地制宜将知识、技术创造性地用于工程，解决难题，就会从中享受到快乐。”这是窦铁成秉承的，也是他坚持的。参加工作以来，他勤于思考，善于结合所学主动攻关新课题、解决新难题，累计为企业节省成本、创造效益1840万元。

1993年，参与丰（台）准（格尔）线窑沟隧道的隧道照明工程过程中，他发现隧道壁打眼施工的脚手架既笨重又费力，就积极钻研，研发出集划线、工作平台、发电机于一体的综合性移动梯车，解决了现场的施工难题，提高功效近5倍。2002年，在参与京珠高速公路机电设备安装工程施工过程中，面对60%的进口设备和新技术、新工艺，他带头攻坚。可就在进行送电前的空载试验时，一台升压变压器的空气开关不断跳闸。他经过反复核对实验参数，在外国“洋专家”矢口否认是其设备问题时，用科学的数据和修正方案说服了国外专家，让满脸惊讶的外国专家也不得不连说几个“中国工人 very good！”2008年，北京地铁昌平线施工过程中，他发现地线支架的绝缘装置不合理，就反复琢磨，协调修改设计图纸，新产品不但杜绝了复杂的加工程序和加工过程中的有害气体对人体的损害，每套设备还将节约近80%的劳动力，提高工效4倍，该设备还获得了国家知识产权局专利证书。2013年初，西成铁路施工全面进入抢工大干期间，他发现了设备A相的直流电阻差值过大的异常情况。经过仔细分析和经验判断，他确定是无载调压装置调整手柄与主调挡位装置脱节造成的。最终，在他的

窦铁成在施工现场进行设备试验

沟通联系下，设备制造商修复了设备，避免了变压器烧毁的重大事故，为企业创效 160 余万元的同时，维护了企业信誉和市场品牌。

40 年来，他立足本职工作，以顽强的毅力坚持走自学成才、岗位成才之路，累计解决技术难题 69 个，解决送电运行故障 390 次，提出合理化建议及小革新 38 次。“一个人可以没有文凭，但不能没有知识和技能，当工人就要当一个技术过硬、让人瞧得起的好工人。”窦铁成用实际行动印证了这句话，并赋予了它新的内涵。

勇于担当成就“楷模型工人”

“只有守住内心的淡泊与宁静，才能在茫茫的人生旅程中欣赏到最美丽的风景。”在窦铁成的笔记本里，类似这样的经典语句有很多，但他对这一句却是情有独钟。

窦铁成是“名人”，是“工人主席”，可办公室里总是找不到他。简单的工装、一个黑色的双肩挎包，他行走在施工一线，一直如此。作为电务公司电力试验所质量负责人、电务公司四分公司技术顾问，在大连、佛山、西安、天津工地上来回跑，重大工程节点，都有他指导施工的身影。只要工作需要，他总是欣然前往，尽职尽责、毫无怨言。

2011 年 11 月，窦铁成技能大师工作室成立，作为全国首批挂牌成立的工作室，他主动担当，发挥劳模的影响力和引领作用，积极与西安铁路局西安供电段、西安铁路局安康电务段、中航工业西飞公司等企业及科研机构开展培训工作暨“大师工作室”对标学习活动，交流工作室运作机制。带头做好能工巧匠培养、施工技术研发、五小活动创新等活动，立足劳模精神传承、企业品牌塑造和个人价值实现，培养和提升企业全员的创新思维和创新意识。先后成功研发了疏散平台测量小车、刚性悬挂接触网垂直向上钻孔平台、便携式多功能使用锤、便携式简易放线器等多项成果。针对设备机房空间小、机柜下方布线检修不便造成的工艺质量提升效率低等问题，工作室结合昆明铁路枢纽通信核心网项目施工要求，变传统的线缆“绑扎”法为“线卡”固定法，开辟了铁路通信施工工艺提升的新途径。

累计获得国家高新技术企业认证 1 项、各类专利 42 项、工法 39 项、获奖科研项目 48 项、BIM 大赛获奖 11 项、软件著作权 10 项。其中，《铁路信号及计算机联锁与牵引供电模拟沙盘系统的研制》获陕西省科学技术二等奖，《城轨牵引变电所地线用绝缘机构》《用于轨道交通整体道床施工的螺纹套管预埋定位装置》等获得国家实用新型专利证书。

窦铁成为年轻技能人员讲解要点

作为党的十八大代表，窦铁成牢记党的方针政策，积极参加党内活动，借助先进事迹报告会向新入职员工、企事业单位党员干部、大学生宣讲会议精神，讲述成才成长的心路历程，主动参加“华商报爱心驿站”等社会公益事业，积极代表产业工人履行陕西省总工会工作职责，传递一线工人诉求。“一个人的能力即使再高终归有限，集体的力量才是无穷的。只有把知识和技能传给更多的人，才能提高团队战斗力，让大家都成为技术能手，那才无愧于企业对自己多年的培养。”这是窦铁成说的，也是他一直坚持的。多年来，窦铁成参与授课和举办专场讲座 300 余场次，签订师徒协议 400 余份。为了能将先进的施工工艺留下来、传下去，他自学 CAD

制图软件，和两个徒弟一道完成了 443 页、10 万 6 千多字的“牵引变电所施工工艺”和中铁一局电力试验所第一刊 4 万 1 千多字的“电气试验作业指导书”。2009 年，在单位的支持下，他带头完成 24 万 8 千字的《变配电所安装与试验操作法》的编纂工作，尽最大努力把自己的所知所学传授给更多的人。

2013 年 4 月 28 号，习近平总书记来到中华全国总工会机关，和全国 31 个省（区、市）的 26 位全国劳模、39 位全国“五一劳动奖章”获得者共度劳动者节日、面对面座谈交流，窦铁成作为 9 名代表之一进行了发言。习总书记说：“工业强国都是技师技工的大国，我们要有强大的技术工人队伍才行。”他坚持把这句话当作自己的奋斗目标。用他常说的话讲，那就是：“我不仅做一个螺丝钉，更要做一个力矩扳手，把我身边的所有螺丝钉上紧、上安全！”

有人说：“胸前勋章和头顶的光环多了，成了大人物，肯定与工友们就越来越疏远了。”而事实却是：窦师傅依旧是那么平易近人，锲而不舍地在他热爱的岗位上展现着一个大国工匠的情怀和担当。

（作者：中铁一局　尚永超、梁国君）

『泰山可以丈尺　江海可以斗量
——记“全国劳动模范”，中国中铁工匠技师白芝勇』

采访对象：白芝勇，男，中共党员，1978 年 8 月出生，四川省巴中市人，现任中铁一局集团第五工程有限公司高级技师。党的十九大代表，曾获“全国技术能手”“全国劳动模范”荣誉称号，享受国务院政府特殊津贴，国家级技能大师工作室带头人。

《淮南子·泰族训》曰："太山不可丈尺也，江海不可斗斛也。"原意为泰山的高低不可能拿尺子去丈量，海水的多少不可能以斗去计量。

但有句俗话说得好：只要功夫深，铁杵磨成针。比喻只要有决心，肯下功夫，多么难的事也能成功。

白芝勇就是这样一个人。身为中铁一局五公司测量工高级技师、精密测量队分队长，他的起点并不高，但他苦干却不蛮干、辛苦却不怕吃苦，学习前人却又不唯前人，最终由一个名不见经传的"菜鸟"，成长为我国精密测量领域叫得响、吃得开的专家人才。

白芝勇参加党的十九大

他曾多次在国资委、中国中铁、陕西省举办的测量工技能大赛中获奖；2015 年 4 月，他获得了"全国劳动模范"荣誉称号；2017 年 4 月，作为精益求精的一线技术工人楷模，他被授予国资委首届"央企楷模"；同年 6 月，被评选为首届"西安十佳工匠之星"……

起点低又怎样？

1999 年，技校毕业的白芝勇一进单位就被分配到钢筋班。在拖钢筋的时候，螺纹钢堆叠在一起，经常是两个人四只手才能够拖出来一根，体重只有 48 公斤的白芝勇每天被折磨得筋疲力尽。不甘于现状的他暗下决心：一定要改变自己，而唯一的办法就是学习！

为了学习，他经常在同事们此起彼伏香甜的酣睡声中挑灯夜战，熬至深夜；也曾为了买书造成他经济拮据……但这些经济上、精神上乃至身体上所付出的代价，都不足以把他击倒，让他停却前进的脚步。正是这种精神的指引，他不断地积累知识，并将理论与实践相结合，参加工作八年后的 2007 年，年纪轻轻的他就评上了测量工高级技师。

“毛遂自荐”的故事我们都听说过，但并不是每个人都有付诸实施的勇气。

他至今仍记得自己第一次参加技术比武时的情形。当时，不少参赛选手都是测量专业科班毕业的本科生、大专生，而自己，不过是个技校生。

起点低又怎样？！从未有过丝毫懈怠的勤学苦练给了他信心和勇气。

当时比武的计算量很大，测量工作量也大，但磨刀不误砍柴工。他在工作之余，常常自己主动反复练习测量仪器的手感和技巧，对仪器的各种性能都熟烂于心，使用起来自然游刃有余，加之平常自己编程解决过不少测量运算量大的问题，测量比武时刚好派上了用场。他把精心测量的数据输入编好的程序后，计算结果很快就出来了。

别的选手在规定时间里连第二项数据计算都没算完，他不仅算出了答案，而且完成了下一环节的实地放样，还提前了 18 分钟。

他是不是作弊，提前知道了答案？根本没人相信：这怎么可能？

一切皆有可能！他按照比赛流程，向裁判和选手们进行复盘，讲解他是怎么做的。人们惊奇地发现，他用掉的 42 分钟，是被他用秒做计时单位计算的。

听他不慌不忙地详细讲述了自己的测量和计算方法后，大家方才心服口服。之后，他自行研究的这套测量和计算方法，在单位很快得到了推广和应用。

后来，当省上和全国再举办一些技术大赛、比武时，只要有机会，他都争取参加。每次比赛都是一次锻炼，每次比武都是一次磨炼。就这样，他一步步走到全省、走向全国。从当初的“单薄羸弱”，成长为今天硕果累累、业界公认的技术专家。

2006年，获“陕西省职工工程测量技能竞赛”第二名；2007年，获“陕西省职工工程测量技能竞赛”第一名；2010年，获“中央企业职工技能大赛工程测量工决赛”银奖……

不信解决不了！

“世上有一种人是比较固执的，而我就是那种特别固执的！”白芝勇常常这样评价自己。在工作中遇到任何问题，他首先想到的是自己一定能解决。

记得是在京沪高铁的整体道床CP Ⅲ进行精密控制测量时，他遇到了一个难题，不论单人检测、两人复测、多人配合再次检测，每次误差都比较大；调整设备、多项方法检测也都无济于事，他陷入了沉思……

在一次次地检查设备时，他突然注意到一个问题：测量每次必须用的对中杆在设计时就有5毫米的误差，而整体道床的误差必须控制在3毫米。果然，经过反复试验后，他发现正是对中杆这一症结所致。而对中杆不管是缩短还是改造都必将对杆身造成损伤，那么这件仪器以后可能在别的工作中也无法使用了，他决定另辟蹊径。

方向明确了，办法很快就出来了。经过反复思量，他将一块切去四分之一角的正方形铁块卡在整体道床上，第一次检测，数据准确；再次检测，数据准确！

这就是后来被命名的“多功能底座模板精调棱镜适配器”，巧妙地利用了固定模具稳定性的特点，克服了脚架误差较大同高铁精度要求较高的矛盾，为高铁线路测量的精准、快速提供了基础保证。

在云桂铁路隧道测量中，他经历了另外一个艰难的过程——“再低一点，再高一点，远一点，太晃眼了……”背着一堆手电筒，拿手电筒的人举得胳膊发麻，测量的人一遍又一遍喊得嗓子冒烟。工作效率低下，数据误差大，这是往日隧道或者夜间测绘最让人无奈的情景。

白芝勇在现场测量作业

这样下去不是个办法，怎么才能提高读尺的速度和精确度呢？他再次陷入了沉思：带矿工帽？加大测量区外围照明？扶杆的人背灯光？不是光远不能确保，就是亮度不够，都不行！

有一天晚上，他饭后出来散步，发现 LED 灯经常会出现在城市的夜摊上，虽然灯光并不强，却把那些衣服和小饰品照得清清楚楚。别人看到那种情况，并没有多想什么，但他看到后，立刻喜不自胜——我们为什么不能给测量的标尺上也安装一个 LED 灯呢？ LED 灯的光线是散射的，比较均匀，也不怎么刺眼；而且，既省时间也省人力。

有了想法便立即付诸行动。在他尝试了卡子卡、胶带缠、钻眼安装等多种方法，试验了小灯泡、小灯管、手电筒等多种照明器材后，一种简易测量棱镜照明装置诞生了！节省了打手电的人工，观测标光线均匀，大大提高了观测精度，提高了一倍以上的工作效率。仅此一项，较普通使用手电筒节省人工和功效成本达两三百万。

2015 年，精测公司参加重庆地铁一个项目的投标。他们按照常规监测方法进行了投标报价，一共是 150 万元。竞争对手有两家，一家报价 160 万元，另外重庆一所大学报价 90 万元。最终那家大学顺利中标。

白芝勇他们怎么也想不通，别人 90 万元怎么可以把这个项目干下来呢？他们把对方的技术方案要了过来，一看全明白了——人家搞的是无人自动检测，现场埋设反射膜片，做全站仪的强制归心墩，通过数据连接，人坐在办公室就把监测完成了。

在这之前，他们认为自动化的前期投入一定很大，其实一个反射膜片就几元钱，数据连接、仪器设备也没有多少投入。痛定思痛，他认识到技术管理和经营管理都是一条主线，都要从管理学习中要效益。

这之后，他开始在蒙华铁路 10 标集义隧道测量中引进无人机测量。

以前，选便道都是对着设计的地形图，一座山一座山地爬，地表有什么植物一样一样去调查……现在，他们用测量型无人机一飞，地形、地物、地貌全出来了，测量人员坐在办公室里就能完成所有的便道选线、场地布置等工作。

白芝勇在现场测量作业

眼下，他正在开发推广“无人机 +BIM”技术，这可以使工程测量在保证精确度的前提下效率更高，同时可以大大减轻测量人员的劳动强度。

他还有很多看似很简单实则并不简单的小发明、小创新：GPS 定位技术，提高长大隧道测量效率 3 倍以上，降低测量成本约 70%；竖井定向测量系统应用技术，节约成本 40 余万元，获得 2010 年全国第三届职工优秀技术创新成果优秀奖。还取得了“新型建筑物变形监测标”“简易棱镜照明装置”和“精密测量仪器防风篷”等 9 项国家专利，完成 331 个科研、论文和工艺工法项目的攻关成果。

我是光荣“铁二代”！

白芝勇是个帅气的小伙子：略带上翘的浓眉，干净白皙的面颊，还有那双永远谦虚温和的双眼，都让人会误以为他是一个坐办公室搞研究的人，但事实上他是一个不折不扣的“铁二代”。

他出生在四川巴中的一个偏远小镇，初中毕业后，便随父亲到西延线建设工地生活，因此他对铁路建设者一直怀有一种特殊的情愫。正是这种情愫的牵绊，他“传承”了父亲的事业，成为了真正的“铁二代”。

2014 年，以白芝勇的名字命名的“技能大师工作室”成立了。对于“传承”二字，他更是深有体会：“‘师带徒’是老办法，传承、学习才是工作室由始至终的法宝。只有合理的融合，形成一种氛围和意识，才能发挥更大的作用。”

有人说，白芝勇技能大师工作室是攻关破题的“救火队”，的确如此。在他的带领下，工作室攻克了一个又一个的难关。

南京市纬三路过江通道隧道，全长 3.6 公里，接收钢环以及外体已经建设好，留给盾构机出来的误差范围限定在五六厘米内，“出不好”价值上亿的盾构机就毁了……南京市纬三路过江隧道施工技术告急！

要知道国家规范才是精确到 10~13 厘米，这绝对是挑战！ GPS 定位测量已经属于高尖端式精测，如何做到更精确？

那一段时间，他把心思全部放在了这个项目上。

从隧道入口算起，这条 3.6 公里江底隧道每个上坡、下坡，每个控制点，测量中的每个细节，他都记得清楚：这里，他们一左一右布设了两个控制点；那里，是竖井对隧道中间的一个控制点进行检核的地方；还有这里，开挖隧道时，洞子里没有通讯信号……多少个沉沉黑夜，为了尽可能保证测量数据的清晰准确，他和伙伴们就困坐在这儿，在油烟灰尘中等着空气中的烟雾散去，在能见度更好的时候进行测量……

作为项目负责人，他将工作室的优秀人才召集在一起，大家夜以继日的开展工作。他从来不居高临下，遇到问题总是和大家一起探讨。面对争议，总是先停下来，把问题解决了再进行。

就这样，他带领工作室的能工巧匠们，充分利用工作室人多智慧强的优势，你一言我一语，从提出多种方案，到对方案进行分析验证，从而得出了最佳方案。最终，“天和号”盾构机以刀盘周圈平均贴合接收钢环 10 厘米，误差 1.2 厘米的高精度缓缓驶出长江南岸接收井，顺利完成过江隧道贯通。

这样的案例不胜枚举。2014 年 8 月和 2015 年 10 月，工作室先后顺利通过了陕西省人社厅、国家人力资源部和社会保障部的验收，被授予“国

白芝勇在现场技术交流

家级技能大师工作室”称号；2015 年 11 月，工作室被授予“陕西省十佳职工创新工作室”称号……

白芝勇，从基层中来，逐渐成长为光荣的“铁二代”；但又回到了基层中去，为更多的测量技术人员带来了“福音”。

在他的带领下，杨志、寿海峰、杨明等人逐渐成为专业骨干，多人被授予“陕西省技术状元”“陕西省技术能手”“全国青年岗位技术能手”荣誉称号，让更多职工看到了技能成才这条路走得通。

自参加完党的十九大后，白芝勇深有感触：“我将坚持精益求精、开拓创新，将中国技术传播到国内外的每一个角落，让全球都能感受到中国速度和中国工匠精神。”

他先后赶赴西安地铁 4 号线、北京地铁 12 号线、蒙华铁路等多个基层工地现场，将十九大报告的精神对工友们进行了宣讲和传达，并号召工友们：“在建设工程中，要从一点一滴做起，钉好每一颗钉子、扎好每一根钢筋，打造优质工程、精品工程。”

一花引得百花开，百花捧出盛景来。白芝勇积极开拓创新、勇于探索实践，不断创造着一个又一个惊喜和奇迹。同时，他也在激励着更多的人在本职工作中履职尽责、在平凡的岗位中建功立业、在有限的生命中实现无限的价值！

（作者：中铁一局　吉祥庆、李见刚、王露露）

『愿将青春绘彩虹
——记“中华技能大奖”获得者，中国中铁工匠技师秦环兵』

采访对象：秦环兵，男，中共党员，1974年2月出生，江苏省南通如皋人，中铁大桥局集团第二工程有限公司高级技师，中国中铁“秦环兵测量技能大师工作室”负责人。曾获“中华技能大奖”“全国技术能手”“全国五一劳动奖章”等荣誉称号。

平凡、质朴，他像一块基石，为铺平通途坚守着一份真诚。

谦虚、坚韧，他用火一样的青春，用经纬仪绘就着自己的江河人生。

他以执着的人生追求和忠诚奉献，书写着一名桥梁建设者的光荣。

他用毅力、勤奋、认真，造就了一座座外美内坚的大桥。

他就是秦环兵，1974 年 2 月出生于江苏南通一个普通桥梁工人家庭，中铁大桥局集团第二工程有限公司工匠技师，中国中铁“秦环兵测量技能大师工作室”负责人。

29 年来，他先后参加了杭州钱塘江大桥、芜湖长江大桥、抚远乌苏大桥、同江中俄铁路大桥等 18 座大型桥梁建设，积累了丰富的实践经验。完成技术革新 89 项，直接创造经济效益 960 多万元，先后获得中铁大桥局“首席工程测量工”、中国中铁“十大专家型技术工人”、中国中铁青年岗位能手、中国中铁劳动模范、南京市双十佳技术能手、全国知识型职工先进个人、中华全国铁路总工会火车头奖章、全国技术能手、全国五一劳动奖章等诸多荣誉称号，2011 年获国务院政府特殊津贴，2016 年获湖北省“楚天名匠”称号，2018 年获得第十四届中华技能大奖。

秦环兵获得第十四届“中华技能大奖”荣誉称号

2012年9月，中铁大桥局集团专门成立了以他的名字命名的“秦环兵劳模创新工作室”。该工作室不但顺利通过了中国中铁的验收，被授予“中国中铁秦环兵测量技能大师工作室”称号，还被湖北省总工会授予“湖北省示范性职工（劳模）创新工作室”称号。

“勿须扬鞭自奋蹄，昂首阔步志千里”。在从事测量工作的二十九年里，秦环兵从一个工程测量的“门外汉”成长为测量工匠技师，他不等不靠、主动学习，创造性地开展工作，将平凡的人生奏出了华彩的乐章。

普通工人的宏愿

1990年6月，权衡再三，老桥工秦西安利用回家休假的机会和儿子秦环兵进行了一次重要的谈话，要求正在上中学且成绩非常优秀的秦环兵中止学业，顶职参加建桥工作，理由是要确保正在上高三的二儿子上大学。他懂得父亲的良苦用心，虽然有些遗憾，还是欣然地同意了。就这样，他子承父业进入中铁大桥局二公司，当起了一名小小的测量工。站在波翻浪涌的钱塘江畔，望着涌潮飞溅中雄姿初展的钱塘江二桥，他暗下决心：一定要干出点样子来。

到了工地不久，他的心灵被深深的震撼了。在雄伟的建筑面前，他感到自己是那样的渺小；在工人师傅面前，他感到自己的知识是那样的缺乏。一段时间以来,他陷入了深深的迷惘、失意和彷徨之中。但他没有自暴自弃、没有怨天尤人，而是在迷惘、失意和彷徨中奋起，重新修订了自己的人生坐标：自学，岗位成才，做一名专家型的桥梁工人！

他利用午休时间坐车到县城书店买书，从初中课本到高中课本以及与专业有关的书籍。在工作中虚心请教、专心学习，从水准、转角等测量知识学起，从跑花杆、架仪器等基础操作起步，扛标尺，背仪器，他抢着干。趁着大家午休的时间，他也是反复架设仪器、吊垂线、摆棱镜，钻研它们的构造及原理，并用笔和纸记录下来，以积累珍贵的实践知识。工作之余，他全身心投入理论学习与专业学习，早早吃完晚饭就开始钻研书本。基础薄弱的他在学习上遇到了无数的难题和疑惑，就及时请教身边的老师傅，老师傅们也乐于倾囊相授。他从知识中获取力量，他从工作中获得快乐。经过不懈努力，他自学完成了控制测量学、工程测量学及铁道工程测量等 20 余本测量专业书，记下了几十万字的学习笔记。他先后在中南大学和武汉理工大学取得了大专和本科学历，并以优异的成绩毕业。

理论上的充电给他插上了腾飞的翅膀，使他工作上更加得心应手。经过几年的刻苦钻研，他不仅能熟练运用绘图软件辅助对复杂建筑物进行施工放样、进行控制测量方案的设计及数据的平差处理，而且还能运用计算机进行专业的有关数据、信息的收集处理，游刃有余地解决施工中遇到的各种技术难题，有效提高了现场的工作效率。通过自身努力，他从一名初中肄业的测量小兵，成长为许多重大工程测量组的组长。

2005 年和 2008 年，他连续两年被公司选拔参加中铁大桥局举办的工程测量技能大赛，在高手云集的竞技场上，凭借技术实力，连续 2 次获得第一名，蝉联集团公司工程测量“首席技工”称号。

桥梁技工的执着

测量是一项技术要求非常高的工作，没有一身过硬的本领是不行的。秦环兵的可贵之处是不局限于埋头苦干、不满足于现状，从实际经验到专业知识，他的追求没有止境，具有新时期知识型工人的特点。

沈阳富民大桥主塔为折线型双塔式单索面预应力混凝土斜拉桥，其先进技术为国内首创。由于桥梁结构复杂，测量任务量大，特别是在主塔测量过程中，由于塔柱受大气温差和太阳日照的影响，斜拉桥索道管放样与调整都要等到晚上才能进行，致使白天施工停止，严重制约了施工进度。他经过无数个不眠之夜的计算、论证、攻关，大胆地提出了两项技术改革方案：一是将以前的仪器跟踪调整法革新为空间弦线控制法；二是采取以偏就偏、预先扣除与时间、温度相对应变形量的方法，将以往固定时间段放样革新为任意时间段放样，使调整一根索道管的时间由原来的 2 小时缩短为 0.5 小时，提高工效 4 倍。此两项技术革新缩短了近 1 个月的工期、节省费用上百万元。

2004 年，他对东辽河大桥桥梁主梁、主塔索道管放样及调整方法上进行了改进，由以往的单个调整改进为同排的两个索道管预先在加工车间里按相对关系加固好后当作一个整体来调，使得调整两个索道管的时间相当于原先调整一个索道管的时间，是以往工效的 2 倍。

秦环兵在施工现场精准测量

2008 年，在碧桂路高架桥曲线墩施工测量中，原先采用的“施工坐标系统计算放样法”，施工坐标系统的北方向与桥梁轴线方向不一致，夹角较大，造成放样一个点需多次移动才能到位，工作效率不高。为提高工效，他将以往“施工坐标系统计算放样法”革新为“曲线桥各墩台独立坐标系统计算放样法”，将以往计算的各墩台施工坐标数据分别转换为以各墩台中心为坐标原点的各独立坐标系统，实现了由曲线桥测量模式向直线桥测量模式的转变，减少了人力及仪器投入，工效提高 1 倍，创经济价值 230 万元。

2013 年，在中俄铁路同江大桥近 3 年的施工中，面对的是冬天零下 30 度的低温、每天 6~7 级大风的恶劣天气。为克服恶劣天气对施工测量带来的影响，他发明了可移动式微环境防风围栏，使仪器架设稳定，直接提高了仪器观测精度；为解决低温对仪器工作的影响，他发明了可拆卸式仪器羽绒外衣；为解决梁场制梁模板台座净空低以及钢梁落梁后的支座竣工检查无法直接观测影响测量精度的问题，他发明了微型可升降脚架，完美地解决了净空低、仪器架设不方便、无法直接对观测点进行观测的难题，以上发明均得到国家实用专利证书。

2017 年，在芜湖市轨道交通项目部，创新发明了《PC 轨道梁底模检查卡尺》《PC 曲线轨道梁模板横向弯曲度检测自动伸缩读数装置》《一种钢筋保护层厚度检测装置》《移动可调式激光测距固定装置》等 4 个专利，主持编写的《采用小棱镜对中杆可伸缩固定装置，提高前点对中精度》获得中铁大桥局合理化建议十佳“金点子”奖，参与完成的《塔柱钢锚梁精确定位测量工法》获得中铁大桥局企业工法，参与编写的 QC 成果《提高曲线连续钢构 PC 轨道梁线形精度》分别获得二公司一等奖、大桥局二等奖以及湖北省二等奖等荣誉。

他用二十多年的时间，经过不懈努力，从一名初级工成长为一名灵活掌握和运用各种桥梁工程测量方法、拥有丰富工程测量经验的工程测量工匠技师。在成绩和荣誉面前，他没有陶醉在鲜花和赞扬声中。他知道，成绩只属于过去，未来还要靠自己去奋斗，在人生新的起点上，他不断定位自己的人生目标，去追求心中那永不止步的大桥梦。近年来，他在全国桥梁权威期刊《桥梁建设》《桥梁检测与加固》上分别发表了专业论文《三角高程法测量在富民斜拉桥中的应用与精度分析》《曲线桥梁各墩台独立坐标系统放样法》，在公司主持编写《主塔测量作业指导书》《主梁牵索挂篮悬臂施工法测量作业指导书》《主塔索道管精密定位方法》《施工测量管理办法》等多个工程测量指导文件。先后独立完成技术革新 89 项，直接创造经济效益近千万元。

测绘大师的奉献

一谈起自己的师傅，秦环兵满脸笑容，他非常庆幸刚参加工作就遇上了一位万千徒弟都想有的好师傅。只要向他请教，这个热心随和的四川老工程师就会认认真真地解答，遇到不太好懂的理论知识，他会不厌其烦地再讲一遍，直到他弄懂了为止，师傅诲人不倦的精神深深的影响着他。

“一花独放不为春，百花齐放春常在。”从 2002 年成为测量小组负责人开始，他在工作中取得成绩的同时，还以师傅为榜样，带动和影响身边人共同进步。他将自己从实践中摸索出的宝贵经验无私传授，还督导大家一起学习优化各类测量工艺和方案，利用视频系统、班组学习、去项目出差等机会，给测量组员工讲解测量理论知识和实践操作技巧。

他经常说：“学习是辛苦的，但为工作而学习是快乐的。”一个风雨交加的冬夜，他打电话给徒弟说孩子生病了，不能来讲课了，让徒弟们自己复习……寒风呼呼地刮着，冷雨哗哗地下着，已经十点钟了，正在办公室里看书的徒弟孙勋俊和成洪，忽然听到师傅的声音。只见他手里拿着一把已经被风吹得变了形的雨伞，身上的衣服已被雨水淋得透湿，嘴里喘着粗气说:“生怕你们睡觉了，所以我特地从医院赶来了，学习这东西不能耽误，一定要坚持。”他顺手放下了手中的雨伞，淋湿的衣服都没有来得及脱就开始讲课……

在他的带领下，技能大师工作室开展了新老结对、导师带徒活动，形成了良好的学习氛围，大家努力地学习和掌握各种工程测量理论知识和实作技能。如今，经技能大师工作室培养的青年技术人员，都能熟练运用各种工程测量软件的操作技能。

6 年来，已有 6 人走上了项目测量负责人岗位，有 22 人成长为技术骨干。培养出注册测绘师 1 人，工程师 6 人，高级技师 2 人、技师 6 人、高级工 13 人。秦环兵工作室成员多次代表公司参加中铁大桥局、中国中铁的工程测量工技能大赛，并取得优异成绩。1 人被授予“湖北省五一劳动奖章”，2 人被授予“中国中铁青年岗位能手”“中国中铁技能导师”，

秦环兵（右二）与团队成员在现场讨论测量方案

2 人被授予“中铁大桥局金牌职工”“大桥工匠”“中铁大桥局青年岗位能手”等荣誉称号。

有一份信念叫做坚持不懈，有一种精神叫做一丝不苟，有一种态度叫做积极进取，这在秦环兵身上体现得淋漓尽致。他对自己严格要求，对企业尽职尽责，对同事真诚和蔼。在他的身上，我们看到了铁杵磨成针的可能，看到了“咬定青山不放松，立根原在破岩中，千摇万击还坚硬，任尔东西南北风”的执着和坚强。

（作者：中铁大桥局　徐勇、鄢亮）

『焊花绘彩虹　建功新时代
——记“全国五一劳动奖章”获得者，中国中铁特级技师王中美』

采访对象： 王中美，女，中共党员，1981 年 10 月出生，湖北省黄梅县人，现任中铁工业九桥工程有限公司高级技师，党的十九大代表、中国工会十七大代表，全国五一劳动奖章、全国三八红旗手、全国青年五四奖章、中央企业青年岗位能手获得者，中国中铁“十大专家型工人”。

她，是奋战在我国高速铁路桥梁建设战线的一名 80 后普通女电焊工。她，身材瘦小，却焊接着造型各异、吨位巨大的钢梁。她焊接过的每一条焊缝，就像凝结在钢梁上一道道美丽的“焊花”，是监理和质检者们眼中的“免检产品”;她参与建设的众多国内外知名桥梁,就像一条条美丽的“彩虹”，矗立在祖国的大地上；由她名字命名的焊接工法，大大提高了生产效率和产品质量，为企业创造了几百万的效益。她，就是中铁工业九桥公司女子电焊突击队的带头人、电焊高级技师——王中美。

小时候的她，喜欢坐在父亲的膝头，父亲指着墙上的长江大桥图片，告诉她，那是他和工友们亲手建造、焊接成型的，脸上的笑容饱含了充实、满足和自豪。年幼的她心里充满了感动、崇拜和骄傲，她用略显幼嫩的话音告诉爸爸，长大后，也要像他一样，成为一名优秀的电焊工。

参加工作 18 年来，王中美先后参建完成了京广高铁武汉天兴洲公铁两用长江大桥、京沪高铁南京大胜关长江大桥、京福高铁铜陵长江大桥等

王中美获得五一劳动奖章

40 多座世界一流桥梁的前期焊接试验任务，取得了 17 项创新成果，多项工艺填补了国内空白。参建的重点工程相继获得国家优秀工程奖、鲁班奖，以及 8 项“全国优秀焊接工程一等奖”等众多大奖。她通过自身努力，成长为中国中铁“十大专家型工人”、江西省总工会揭牌命名的劳模创新工作室负责人、中央企业青年岗位能手、全国三八红旗手、全国五一劳动奖章获得者、全国青年五四奖章获得者，党的十九大代表……属于她的荣誉标签还有很多，但她最愿意别人叫她电焊工王中美。

不忘初心　勤奋好学　练就漂亮手艺

2001 年，技校毕业的王中美来到了中铁工业九桥工程有限公司，女承父业，如愿成为了一名电焊工。刚进工班时，当她第一眼看到工班师傅们手持电焊枪焊出来的焊缝纹路那么漂亮，打心眼里佩服，特别希望自己也能焊出那漂亮的焊缝。为了尽快出师，她勤学苦练，仔细观摩师傅们施焊的站位、角度、手法和对各种板厚不一、坡口不同工件施焊，是如何调节电压、电流的，尤其是技术难度大的熔透焊、角焊缝、立焊、仰焊等更是反复观摩、认真记录。焊接时的熏烤，飞溅的火花，呛人的气味，她都强忍着，脸、脖子上还被电焊弧光烤得脱了几层皮。作为一个小姑娘，她也爱美，虽然脱了几层皮，会觉得心酸，但更觉得值得。

王中美对熔透焊缝进行气刨

功夫不负有心人，凭着对电焊事业的执着和热爱，她的手把焊技能在经过一段时间的反复实践后有了明显提高。2004 年，九桥公司承接了港深西部通道后海湾大桥钢箱梁的制造。该桥制造采用英国标准和我国香港规范，特别是对焊接的要求相当严苛，必须经过外籍监理和业主代表组织的焊接考试合格后，才有资格去参与该桥的焊接。她觉得自己的机会来了，正好也可以检验一下自己的焊接水平和能力。在师傅的支持下，她仔细研究琢磨该桥的焊接工艺，不太明白的地方就向师父和身边的焊接老师傅们虚心请教。就这样，她吃透了焊接工艺，又利用业余时间反复操练，最终被选中参与该桥钢箱梁的施焊作业。这是她第一次参与重大项目焊接，心情既激动又紧张。虽然她焊接的不是关键部位，但对她的焊接能力的提升却是一次质的飞跃，也使她对今后的焊接作业信心满满。

2005 年，我国在深山峡谷里修建全球最长悬索桥——四渡河桥，在钢梁主桁杆件制造中，拉索吊耳焊接成为该项工程的制约难点，焊接工位差，角接焊缝、板与板的间距只有 200 毫米，每个吊耳有 8 块板需熔透焊，板厚达 40 毫米，稍有不慎就难探伤过关，多个班组老师傅都望而却步。凭着初生牛犊不怕虎的一股冲劲，她主动请缨。最后，由她焊接的 30 多组高熔透焊缝经检验均一次性合格，受到了公司领导和驻厂监理的高度赞扬。经过这次锻炼，她的焊接水平得到了迅猛提升，在焊接队伍中脱颖而出。

勇于创新　不断突破　创造丰硕成果

王中美是一个爱琢磨，也就是爱“折腾”的人。“思而不学则罔，学而不思则殆”，在焊接作业中她经常会钻研，会尝试不同的焊接方法，突破固有经验和传统，对焊接功法和焊接工艺进行大胆、有效的创新，从而取得了创新成果 17 项，填补了国内多项空白。

在九桥公司大力支持下，从当时世界上最大的公铁两用桥——武汉天兴洲大桥 Q370qE 焊接技术，到代表了中国当时桥梁建造的最高水平——南京大胜关大桥 Q420qE 焊接技术，再到现在世界首座跨度超过千米的公铁两用斜拉桥——沪通长江大桥 Q500qE 焊接技术，她攻克了高强度高性能桥梁钢焊接技术难关。特别是沪通长江大桥 Q500qE 高强度桥梁钢在钢梁领域首次采用，其厚板（最大板厚达 60 毫米）焊接难度非常大，对环境要求高，冬季施工时焊缝易出现焊接裂纹，这对焊接工作而言是巨大的挑战和考验。她通过几十次的反复试验，优化焊接参数，确定预热温度，采取石棉保温等措施，终于解决了焊缝裂纹和焊缝热影响区韧性冲击功不达标的难题。

王中美现场施工

接着，她又与技术人员一起解决了 28 米长、35 米宽、20 米高、重达 1800 吨的全焊整节段桁梁结构的焊接难题。她通过焊接有限元模拟，摸索出预留焊接收缩余量、安排合理的焊接顺序等措施，使得焊接质量和几何精度得到了控制，解决了中国中铁重大科研课题《重型大节段钢桁梁制造及总拼技术研究》中的焊接核心技术。

在被习近平总书记点评为“梦想之桥”的“一带一路”重点项目——孟加拉帕德玛大桥的建设中，九桥公司承建了 13 万余吨钢管桩制造工程。该管桩直径 3 米，长 120 米，板厚达 60 毫米，项目焊接工程量巨大，焊缝质量等级均为 I 级熔透的高要求。她和技术人员一起通过反复试验，优化坡口形式，完善焊接工艺，改进焊接方法，实现了焊缝优质，满足了工期要求。特别是在海上进行 70 米 +50 米两重型（单节 300 多吨）管桩的现场定位及快速对接施焊技术是施工难点和关键，要求在 3 天内快速完成定位、焊接和检测等工作。她们进行了多组水上接桩的焊接工艺性试验以及横位埋弧自动焊试验，从坡口形状和尺寸、焊接材料、工艺参数等方面反复调整、不断优化，最终制定了海上接桩横位自动化焊接专项工艺，为优质、高效完成孟加拉帕德玛大桥钢管桩制造任务提供了技术支撑。

她将原厚度 16 毫米以上钢板熔透焊接必须开双面坡口的传统焊接工法，革新为采用开单面坡口焊接工法，实现了厚度 16 毫米至 28 毫米的钢板熔透焊接无需开双面坡口，工效提高了 50%。这一技术成果被中铁九桥公司命名为“王中美焊接工法”，并被公司广泛推广，用于宜宾港 1000 吨多功能起重机、鹅公岩 CQ−450 型桅杆式桥面起重机、商合杭芜湖长江大桥 DWQ−800 桅杆式桥面起重机等一系列项目中，取得的经济效益达数百万元。

在铜陵长江特大桥钢梁焊接试验中，她采用 WER60 实芯焊丝配氩气体焊代替二氧化碳气体保护焊，克服了原工艺焊接成型差、力学试验性能不达标等难题，为铜陵桥钢梁制造全面铺开提供了焊接保障。同时，在用于铜陵长江特大桥钢梁架设的 CWQ−400 型桅杆式桥面起重机焊接中，因起重机主结构均采用 Q690 钢材制造，作为一种低合金高强度钢，其焊接质量控制难度较大，她使用了焊前预热、焊时减少热输入、焊后石棉被保温，采用多层多道、窄焊道薄焊层的焊接方法进行施焊，解决了焊接冷热裂纹、焊后易淬硬、焊后残余应力高、氢致裂纹敏感性强等问题，攻克了 Q690 钢材焊接难题。

在用于珠港澳大桥整节段钢箱梁转运、下水装船而制造的当时国内起重量最大 ME−2000 门式起重机焊接中，她打破常规的焊接方法，在主梁最大板厚达 50 毫米的情况下，采用打底和填充均用二氧化炭气体保护焊，在车轮分配梁作为主承力构件还接种采用了开单面坡口厚板熔透焊接工法，实现了 40 毫米板厚单边坡口熔透焊，克服了焊接劳动强度大、焊缝质量合格率低、焊接变形控制难度大等难题。

言传身教　满腔热情　带出过硬团队

“一枝独秀不是春，百花齐放春满园。”王中美先后带出了刘青、张齐、张贝、胡兰兰等十余名徒弟，她毫无保留地向徒弟们传授技艺和经验，把工匠作风和精神传承了下去。徒弟们先后晋升为高级工、技师等技能等级，其中刘青工作第三年就脱颖而出，在中铁科工和中铁九桥技能大赛中获得电焊工第二名的优异成绩，在中国中铁焊接大赛中获得板对接单项第一名、个人第十名的好成绩，荣获“中国中铁技术能手”“赣鄱工匠”“江西省五四青年奖章”等荣誉称号。

她带领团队通过优化参数、改进工序、创新工艺，取得新钢种焊接技术攻关、重型大节段钢桁梁制造及总拼技术研究、海上接桩横位自动化焊接专项工艺等创新成果 17 项，多项工艺填补国内空白，为我国桥梁建设事业做出了积极贡献。她还参加了架桥机、提梁机、铺轨机、盾构机等一批世界级施工“神器”的研制。以王中美为骨干的“女子电焊突击队”，先后荣获“全国三八红旗集体”和“全国五一巾帼标兵岗”称号。2016 年 10 月，以她名字命名的“王中美劳模创新工作室”在江西九江挂牌成立，迄今组织开展了 20 多次新材质试验和焊接攻关活动，开展面向一线员工的技能培训、考试等活动 1600 多人次。她充分发挥党员模范带头作用，用自己的行动诠释了“信念坚定、刻苦钻研、精益求精、追求完美、创新超越”的工匠精神，并继续发挥在电焊作业领域的专长，奋战在焊接工艺研究与实验的第一线，在取得成熟的实验成果与技术要求后再大规模运用于工厂制造过程。

为适应现代钢桥迅速发展的需要，她和她的技术团队提前介入了耐候钢板的焊接试验研究。除了需要完成常规的各项焊接性试验、匹配性试验及实施性试验之外，针对耐候钢耐腐蚀性的特点，在进行焊接材料的选取时，须着重考虑并控制各类焊接材料的耐腐蚀性指数，对焊接材料的熔敷

王中美（中）现场讲解焊接工艺

金属进行化学成分分析，计算其耐腐蚀性指数，控制在标准范围内，从而达到焊缝具有良好的耐腐蚀性的目的。

她勇于挑战钢桥焊接技术研究前沿。因正交异性桥面板结构特点，现有技术及工艺只能实现单面焊 80% 熔透，而实现 U 肋全熔透焊接是解决 U 肋焊缝疲劳裂纹的关键所在。为解决这一世界性难题，她带领试验团队不断摸索，从工装胎架、焊接方法、焊接材料、工艺措施、焊接工艺参数等方面反复调整，历时一年多，进行了上百组试验，最终实现了 U 肋全熔透焊的试验目标，且焊缝综合性能优、可操作性强、焊缝质量稳定。这一重大突破，具有不可替代的创新价值。

作为新时代的产业工人，王中美始终牢记习近平总书记的嘱托，立足岗位、苦练技能、勇于创新，在经济建设主战场上充分发挥主力军作用，以主人翁的姿态，推动中国制造向中国创造转变、中国速度向中国质量转变、中国产品向中国品牌转变，用焊花展现新风采，用青春建功新时代！

（作者：中铁工业　刘灿、袁知昊）

『成功之路
——记“全国劳动模范”，中国中铁特级技师王汝运』

采访对象： 王汝运，男，中共党员，1970 年 1 月出生，山东省宁阳县人，现任中铁工业宝桥集团有限公司钢结构车间高级技师，中国中铁首批焊接技能大师工作室带头人。曾获“全国技术能手”“全国劳动模范”等荣誉称号。

王汝运参加工作33年，从学徒到首席技师，从普通员工到全国劳模，凭借精湛的技艺和不懈的努力，先后参加了10多项国家重点桥梁工程建设，被国内桥梁界誉为“我国桥梁行业的一名大国工匠”。先后荣获“全国技术能手”，宝鸡市、中国中铁“十大杰出青年”，中国中铁“劳动模范”，中国中铁“十大专家型技术工人”，中国中铁“优秀共产党员”，全路火车头奖章，全国劳动模范，陕西省首席技师，陕西省职工经济技术创新十佳技术工人标兵，陕西省杰出能工巧匠，陕西省十大杰出工人，荣获第五批全国岗位学雷锋标兵，享受“国务院政府特殊津贴”。干最苦的活，啃最硬的骨头，流最多的汗水，出最好的业绩，就是王汝运的“人生底色”。

知识改变命运

1986年，父亲不幸因公殉职。带着巨大的悲痛和家人的嘱托，刚刚初中毕业、年仅16岁的王汝运接班进厂，成为中铁宝桥钢结构车间的一名电焊工。

王汝运获“全国劳动模范”荣誉称号

桥梁焊接是一项劳动强度极大、作业环境较差、技术要求很高的特殊工作。参加工作后，尽管上到公司和车间领导、下到班组工长和工友对他照顾有加，但是“先天不足”还是逐渐暴露了出来，生产图纸看不懂，焊接工件质量问题多，关键生产插不上手……这让他深深地感到了职业危机。“主要是自己学历太低、读书太少、文化知识浅造成的，看着心灵手巧的师傅们，我真的挺自卑、挺惭愧的……”时隔多年，他回忆说。

不能辜负殉职的父亲！不能辜负领导的关爱！不能辜负工友的呵护！面对一次次挫折和挑战，这个性格坚毅、从不服输的山东汉子暗暗下了决心。此后的 30 多年，他几乎把全身心都交给了工作和学习，即便后来成家立业、娶妻生子也没有丝毫放松。

为了弥补书本知识的欠缺，他自费购买了大量焊接技术方面的书籍，坚持每天下班钻研《焊接结构》《电焊工工艺学》《金属学与热处理学》，经常熬到凌晨一、两点钟。有时为了赶走瞌睡，他临时备上一盆冷水和一堆大葱，随时用来提神醒脑、驱赶瞌睡……30 多年下来，他留下了十几个厚厚的笔记本和 7 支写坏的钢笔。

面对技术技能的不足，他虚心求教拜师学艺，立足生产勤学苦练，一点一点掌握了手工焊、二氧化碳气体保护焊、氩弧焊等焊接方法，立焊、仰焊、全位置焊、单面焊双面成型等操作要领。与此同时，他以公司举行职业资格认证为契机，有针对性地练技艺、打基础、补短板、夯实力，先后考取了电焊高级工资格认证、德国 NE287 焊工证书等一系列焊工资格证书，成为中铁宝桥首批认定的国际焊工之一。

机遇总是垂青有准备的人！ 1999 年，他以实作 96 分、理论 87 分、综合成绩第一名的佳绩，荣获中铁宝桥焊工比武大赛冠军，被聘任为中铁宝桥建厂以来最年轻的电焊技师。

2001 年以来，作为中铁宝桥电焊工的先进代表，他先后踏上中国中铁、中国建设系统焊工大赛的舞台。在这些更高层次的竞技场上，他赛前刻苦学习精心准备，赛场沉着应对精心操作，先后夺得了中国铁路工程总公司焊接技能大赛第二名、中国建设系统第六届焊工技术比赛第十五名的好成绩。之后，他又作为教练带队参加第四、五、六届中国中铁焊接技能大赛，获两项个人第一、一项团体第一的好成绩。

2017 年，是王汝运终生难忘的一年。这一年，他作为中国中铁代表队的领队兼总教练，率队参加了上海金砖国家国际焊接大赛，一举夺得团体银奖和 2 项个人奖，并荣获“优秀组织奖”，实现了中国中铁在国际技能赛事中奖牌“零的突破”，受到中国中铁广大干部职工的高度赞誉。

实干不负芳华

随着技术技能的迅猛提升，王汝运像一只雄起的苍鹰，直面碧海蓝天，振翅自由翱翔，地市级、省部级、国家级荣誉扑面而来。2004 年，在中铁宝桥庆祝建党 83 周年大会上，他站在鲜艳的党旗下庄严宣誓，翻开了自己人生新的篇章。

一次次披红戴花，一次次登台领奖，有人为他喝彩，也有人为他担忧。毕竟，荣誉就像一枚硬币的“正反面”，可以激励人不忘初心继续前行，也可以让人沉迷其中裹足不前。“作为一名一线工人，技术只能代表能力，实干才能代表品质，不好好干活一切都是零”，尽管“拿奖拿到手抽筋”，他却显得格外冷静和清醒，更加强烈的荣誉感、责任感涌上心头。

在国家重点工程南京二桥建设中，作为“青年突击队”队长，他主攻条件最艰苦、难度最大的桥位钢箱梁段环缝焊接工作。桥位环缝焊接必须采用单面焊双面成形的熔透焊工艺，焊缝一次探伤合格率要求极为严格。面对桥面温度达到 60 多度的恶劣环境，起初由突击队员负责的环缝探伤合格率总是上不去，每条焊缝少则修理几处，多则几十处。看到生产越来越困难、工期越来越紧张、工友们越干越没信心。身为突击队长的王汝运，只好硬着头皮去请教同在桥位作业的外省施工队焊工。没想到，听到他们的苦楚，同行哈哈大笑说了一句：“不会干跑来干啥，你们还不如卷铺盖回家算了！”

这句话，激起了这个个子不高、生性倔强的山东汉子强烈的自尊心。当晚，他便一头扎进现场，开始反复试验和细心琢磨。通过锲而不舍的努力，

王汝运在现场焊接作业

他终于找到了问题的根源所在——由于桥面上风太大，致使二氧化碳保护气体大部分被吹走，导致了焊缝内夹渣和气孔的产生，影响到了一次探伤合格率。随即，他带领工友们找来废弃边角料，自制出移动式简易防风棚，既可防风遮雨，又提高焊缝质量，一个又一个100%探伤合格率开始出现了，大家的脸上终于露出了欣慰的笑容。那段时间，他带领大家每天连续工作14小时以上，最终提前13天完成了桥位焊接任务。据统计，仅王汝运一人完成的焊缝总长度就达到2000多米，几乎相当于从长江南岸施焊到北岸的距离。

在国家重点工程安庆长江公路大桥生产大会战中，他连续大干3个月，攻克了厚板熔透焊等诸多难题，一次探伤合格率达到98%以上，提前完成了焊接生产任务。多年来，他完成的工时始终在小组名列前茅，2002年完成工时4367小时，2003年达到了惊人的5619小时，两年加起来相当于干了四年的活儿，被大家誉为“走在时间前面的人”……

努力不会白费，汗水没有白流！33年来，他参建了十几项国家和地方重点工程。这其中，有中国第一座公路钢箱梁斜拉桥——东营胜利黄河大桥，有中国最大的经济援助项目——缅甸仰光丁茵大桥，有中国第一座采用整体节点焊接结构的钢桁梁桥——京九孙口黄河大桥，有“中国第一塔”之称的南京三桥钢塔等，有中国第一条轻轨观光工程——西安曲江新区轻轨观光线路。20 多项工程捧回了“全国优秀焊接工程奖”“古斯塔夫 . 林德恩斯奖”等国际和国内殊荣，其中被称为中国造桥史第四个里程碑标志的芜湖长江大桥，荣登“全国十大科技成就”金榜；南京长江二桥获得了“2004 年国家优质工程金奖”,成为建国 50 多年来仅有的两座国家级“金牌”桥梁之一；南京长江第三大桥更是荣获“古斯塔夫 . 林德恩斯奖”，开启了中国桥梁夺得“世界级”荣誉的先河。

他用实干和拼搏，助力企业实现了高速发展，也助推自己走上了一条成功之路！

创新点亮价值

进入 21 世纪，随着互联网兴起和经济全球化的到来，创新已经成为一个显著的“时代标签”，对每个国家、每个行业、每个岗位，乃至每个人产生着巨大的冲击和洗礼。

“市场思维的改变，产品技术的升级，要求我们不仅要能苦干实干，而且还必须会干巧干，不会创新迟早会被淘汰”，王汝运经常对自己和工友叮嘱说。

近年来，中铁宝桥成立了以王汝运命名的“劳模创新工作室”，他从此有了属于自己的“创新大舞台”。对此，他主动挑起了创新带头人重任，先后培养出高级技师 5 人、技师 12 人，高级工 25 人，使工作室成为了孵化高素质高技能职工队伍的“大学校”，为企业提质增效、转型升级、人才强企、创新发展作出了积极贡献。“王汝运劳模创新工作室”成功跻身宝鸡市、陕西省职工（劳模）创新工作室行列，并于 2017 年被中国中铁设立为首批“技能大师工作室”。

创新唯有孕育在生产中才会产生价值。在钢梁和道岔生产中，他总结了氩弧焊、螺柱焊及铝热焊一套行之有效的焊接方法，产品质量高，生产效率高，得到广泛的推广应用；在三星重钢厂房项目，他利用改装现有埋弧自动焊设备用于厂房电渣焊，解决了钢柱隔板焊接不到的问题，该技术改造获经济技术创新成果一等奖；在西安曲江轨道梁生产中，他研究发明了“双枪连续包头焊接工法”，实现了外国专家的工艺设计标准；在郑黄桥、郑焦桥的焊接变形控制方面进行课题攻关，他设计改装的焊接反变形胎型和胎架，有效解决了焊接变形问题，缩短车间待工时间，间接产生经济效益 50 万元；在多项国家和地方的重点工程制造中，他和工作室成员一道收集上报经济技术创新项目 82 项、合理化建议 14 份、QC 成果 9 项，累计实现经济效益 200 余万元。

传承结出硕果

王汝运始终认为：“我一个人实力强算不得什么，只有电焊组全体职工个个都强那才是真的强！”

2003 年，有着 100 多名职工的中铁宝桥第一大班组——钢结构车间电焊组工长的重任传递到了他的手中。面对人员多、年龄差距大、文化素质参差不齐的现实，他顿时感到了巨大的压力和挑战。为了建好班组和带好队伍，他抓住公司开展“创建学习型组织、争当知识型员工”的活动契机，购买了许多专业学习书籍，组织大家互相研究学习。制作了优秀焊接作品陈列柜，坚持定期开展技术比武和技能培训活动，并毫无保留地把自己的经验和知识传授给小组职工，尽量让大家在学习上少走弯路。特别是在生产任务的安排上，他实行“技术好的干大活儿、高工时活儿，技术差的干辅助活儿、低工时活儿”，使职工的学习能力、工作能力和收入水平完全接轨，此举有力地调动了职工学习的紧迫性、自觉性和主动性。

近三年来，他在班组累计组织导师带徒 18 对，每年利用工余时间在“王汝运专家型职工创新工作室”和公司焊接培训中心进行 1 到 2 次电焊工理论和实践培训，累计培训人数 180 人次，确保取证、复证通过率 100%；陆续为公司 6 个驻外项目部培养和输送了 60 多名优秀焊工，培养年轻技师 2 名、高级工 5 名、大专生 9 名。电焊组的高技能人才也如雨后春笋，

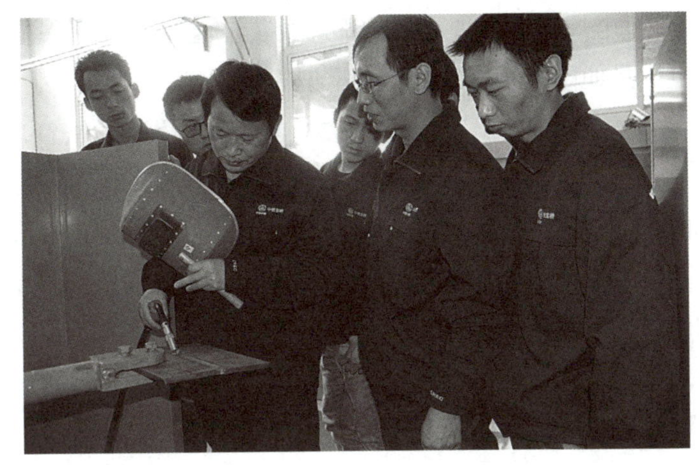

王汝运为青年职工传授技能（前排左一）

竞相迸发，目前已有高级技师 4 人、技师 5 人，高级工以上技能等级人员占到班组总人数的 85%以上，为公司培养了大量优秀的钢结构人才。电焊组 2004 年获得“陕西省学习型组织标兵班组”，2007 年获得“全国学习型班组”光荣称号，2014 年被授予“全国工人先锋号”殊荣。

坚守诠释匠心

著名作家冰心说过：“成功的花儿，人们只惊羡它现时的美丽。当初它的芽儿浸透了奋斗的泪水，洒遍了牺牲的细雨”。

在全球学术界，也有一个著名的“一万小时理论”。这一理论指出，任何人如果想要在某一领域变得十分出色，都需要经过至少 1 万个小时的练习，才能够达到一个高层次、高水平。

王汝运既经历了冰心笔下“奋斗的泪水、牺牲的细雨”，也经历了“一万小时理论”的考验。在他的身上，折射着崇高人生境界的永恒魅力，散发着信念、梦想、奋斗、奉献的璀璨光芒。到底是一种什么样的力量，让他在这种重复、艰苦、枯燥的生活中无怨无悔地坚守了 33 年？“把产品做成精品，是每一个电焊工的职责所在”是支撑他三十三年如一日坚守的坚定信念；“一生电焊，直到焊不动的那一天”是他许下的铮铮誓言；“焊好每一条焊缝”是他始终不忘的初心、牢记的使命。

从 16 岁进厂，到如今荣誉满身，33 年来，王汝运的执着，像一根焊条把他和这份事业牢牢地“焊”到了一起。他把全部的时间和精力都用来提高自己的焊接技术，用一丝不苟的严谨态度和兢兢业业的责任意识，演绎了“工匠”二字的真正含义。他信念如磐、意志如铁，爱企奉献、初心不改。如今，人到中年的他依旧没有停下脚步，他依旧在努力，为公司培养更多的高技能人才而终日奔波。

敢问路在何方，路就在脚下！

在他的脚下，这条成功之路继续向远方延伸，向前，向前，再向前……

（作者：中铁工业　蒋晓强）

『三脚架上致青春
——记“全国五一劳动奖章”获得者，中国中铁工匠技师郭平』

采访对象： 郭平，男，中共党员，1974 年 11 月出生，重庆市铜梁县人，现任中铁二局测试公司精测队高级技师，首批中国中铁 4 个测量技能大师工作室领办人，获得过全国五一劳动奖章、“成都工匠”等荣誉，享受国务院政府特殊津贴。

走过酷暑，尝过高温，他凭双脚踏遍了地图上的每一寸光阴！

翻越极寒，跨过冰雪，他用责任扛起了三脚架上的无悔青春！

他是测量人，他是全国五一劳动奖章、国务院特殊津贴获得者，他是成都工匠、中国中铁 4 个技能大师工作室领办人之一。

他就是中铁二局测试公司高级技师郭平。

郭平获得中铁二局“金牌职工”荣誉称号

何必在乎我是谁

谈起测量工作的重要性，郭平说：“测量人虽然是企业的先遣部队，但是工程建设还是要靠主力，我们就搞好服务，不要给进度拖后腿。”而大家都知道的是，没有测绘人员作铺路石、守卫军，怎么会有一座座精品工程拔地而起！

他经常挂在嘴边的一句话就是：“这些都是我的工作，也没有什么特别的，我是谁，没有那么重要。”

从 1993 年成都铁路工程学校铁道工程专业毕业后，他来到中铁二局，从此与测量结下了不解之缘。参加工作以来，他一直默默地奔走在基层，先后参与中铁二局 100 多个国家重点铁路、公路、轨道工程的测量工作，东到上海、浙江大海之滨，西到新疆、西藏荒漠戈壁，南到广西、广东崇山峻岭，北到内蒙古、黑龙江极寒之地，用心血和汗水，写下一个个精准的测绘数据，为现场施工提供了科学、严谨的参考依据。他参与、负责的所有工程测量项目，无一例测量事故，为精品工程的建成打下坚实基础。他在繁忙的工作之余，也没有忘记刻苦攻读，练就了解决多类复杂测量控制问题的本领。1996 年，由他带领开发的“铁路工程施工测量自动化处理系统”，在国内首次实现工程测量工作内外业一体化、自动化，大大提高工作效率，降低测量人员劳动强度，杜绝了因人工记录、计算带来的错误，改变了测量工作一直处于人看、人读、人记、人算效率低下的测量模式。“铁路工程施工测量自动化处理系统”获得中铁二局科技成果一等奖，使测量工作向前迈进一大步。

1997 年，他立项开发《隧道 GPS 测量贯通误差影响研究》，并在当时亚洲第一长的南昆铁路米花岭隧道（9392 米）控制测量应用，既保证了隧道顺利贯通，也为 GPS 应用于隧道测量积累了宝贵的经验数据。《隧道 GPS 测量贯通误差影响研究》《隧道 GPS 测量贯通误差影响研究》获得中铁二局科技成果二等奖。

同年，他参与铁路枢纽工程控制测量和放样测量精度研究和试验，解决铁路枢纽因控制网精度不足引起轨道、道岔错位问题，为铁路枢纽工程控制网提出了明确的精度指标及放样方法、流程、精度，保证枢纽间轨道、道岔的顺利衔接。《铁路枢纽工程控制测量和放样测量精度研究和试验》获得中铁二局科技成果三等奖。

上“刀山”下“火海”，它比自己更重要

说起测量工作的艰苦，郭平经常自我调侃：“我的工作辛苦吗？但我可是看遍了祖国的名山大川。”

也许只有感受过在地表温度高达 70 摄氏度的火焰山的铄石流金，也许只有感受过零下 40 摄氏度北疆阿勒泰地区的冰天雪地，也许只有感受新疆大漠无人区的头晕眼花，才能将自己的工作描述得这样云淡风轻。

郭平在项目控制测量

“哪里的山最高就上哪里，哪里人最少就去哪里，哪里最难走就走哪里。”就算是在繁华的都市中，他也一直待在寂寞的角落里，就更不用说在炙热的沙漠中吃黄沙烤出来的糖心鸡蛋，在黑龙江的冰天雪地里啃冻成冰块的牛奶，在刺骨的寒风中为了保证测量的精度摘掉的棉手套的麻木，虽然走南闯北，却根本没有时间停下脚步看看眼前的风景。这种生活，他一坚持就是 24 年。

也许是看遍了世界，所以看淡了荣辱。2000 年，中铁二局广州地铁项目因测量工作遇到瓶颈，他接调令到达后立即投入工作，期间不慎跌入施工坑道造成盆骨骨折。即便如此，他依旧忍着伤痛躺在病床上和测量人员商讨测量方案，一路攻坚克难，让项目在最短时间恢复施工。

他所在的中铁二局测试公司，12 人中有 4 人都有残疾，有人手指被夹断，有人手臂摔骨折。“出门在外，也是难免的。”遇到高难度的规定动作，他依然冲锋在前。

在蒙华铁路连云山隧道，他正在进行测量工作，旁边一个看似附近村民的女子往这边走来，眼神有点迷茫（后来才知道她精神有点问题）。他当时就觉得有点不对劲，但并没有停下工作，只见这个女子从地下捡起一根棍子就往设备上砸去，他本能地侧身挡了这一棍子。制服这个捣乱的女子以后，大家都纷纷笑他要工作都不要命了，而他却摸着被打伤的腰部悻悻地说，咱还要靠它吃饭呢。在他眼里，设备比自己还要重要。

用 100% 的细心去避免 1% 的失误——这是郭平从事测量工作的座右铭。他心如发丝，每参与一项工程，都以高度的责任心对待，每一个步骤都做到“频频计算，点点回头”。在深圳盐田港项目的时候，由于是合作参建的工程，有一次，中铁二局与负责修建码头的公司同时进行测量，但测量结果却出现了差异。甲方主管测量的负责人认为另外一家单位更加专业，对二局的测量数据表示不信任，他坐不住了，主动提出找第三家公司再次进行测量，最终证明他们的测量数据是对的。小小的一个数据，让甲方竖起了大拇指。同时，他针对填海工程施工场地极度不稳定、沉降变形期长的特点，反复摸索实践，制定了测量方案，并向业主论证方案的合理性，最后通过了业主采用的苛刻的英国技术标准和香港技术标准，获得了业主和监理的高度评价，该项工程在 2007 年荣获“中国建筑工程鲁班奖”。

这一路点滴苦痛，换来的都是收获

让郭平欣慰的是，他在测量工作上的辛勤付出，终于有所回报。国务院特殊津贴获得者、全国五一劳动奖章、中央企业技术能手、中国中铁高级技师、成都工匠……一张张奖状，一个个专利，一项项发明，无疑是对他 26 年坚守的最大褒奖。

专利发明数不胜数。他在 2014 年立项研究《隧道洞内控制测量虚拟双导线测量技术》，旨在克服现有长隧道洞内控制测量技术上的缺点、提高测量工作效率减小影响隧道控制工期、降低直接测量成本。“我们现在去搞测量，为了保证精度，是必须要让项目停工的，但是现场项目工期越来越紧张，我们也要想办法提高测量速度，尽量不耽误进度。”他每一项研究的出发点，都是为了项目。

他的研究在成都地铁、蒙华连云山隧道、杭黄紫高尖隧道等多个重点工程应用，研究成果使长隧道控制测量节省2万元左右/公里的直接测量成本并大大提高工作效率，仅蒙华连云山隧道、杭黄紫高尖隧道两个隧道就节约直接测量成本60多万元，而且减少了不可避免的测量时间占用而影响施工工期。该研究成果获得国家发明专利。

“在我们测量这个领域，有些会研究，有些实干比较好，两者兼具的就要数郭平了。”同事们都是这样评价他。

2008年，他从国外引进全站型高精度全自动陀螺仪用于工程测量中，对仪器高精度定向及特长隧道地下陀螺导线测量方案配套技术问题进行研究和实验，解决了城市地铁的长区间盾构施工、竖井施工、特长隧道施工对地下导线方向精度的检核与控制需要，《高精度陀螺方位测量技术研究成果》获四川省测绘科技进步奖二等奖。同年，针对工程测量行业测量软件功能单一、使用操作复杂的问题，他和同事们一起听取多方意见，将平面、高程、GPS、断面、线路计算、隧道贯通误差估算等融为一体，开发工程测量数据处理技术及其通用软件GSP，软件涵盖了工程测量大部分测量内容，计算、平差、标准报表输出等实现一键提取，在中铁二局内推广使用，不单为公司节省大笔软件购置费，也为测量人员提高工作效率、减少计算出错可能，极大地避免了因计算错误引起测量事故。这项成果获中铁二局科技进步奖二等奖、中国铁路工程总公司科学技术奖三等奖、四川省测绘科技进步奖三等奖。

2013年，为解决校正对中杆圆水泡麻烦费时、操作技能有限而疏于对圆水泡检查校正而引起工程结构超限导致大量的返工浪费或工程缺陷，研

郭平在研究处理测量数据

发了《测量对中杆圆水泡调校装置》和《测量对中杆圆水泡校正设备》，在中铁二局作为强制推广项目广泛应用于施工现场，使放样精度得到充分保证。本设备获得国家两项实用新型专利。

2015 年至今，他参与了中国中铁重点科研项目《高速铁路长大隧道平面控制测量关键技术研究》，并具体负责组织方案制定、实施、试验、数据分析等。为解决隧道斜井、平导等辅助坑洞内短边测量精度难以保证等问题，研究提出《一种多公共转点侧方交会导线测量方法》，使隧道洞内短边测量完全可以摆脱对高精度陀螺仪的依赖，常规全站仪及配套设备即可使短边测量满足隧道测量精度，一座长隧道可以节省陀螺定向测量费用 15 万左右。该成果获国家发明专利。

授业带徒　恪尽职守　无私奉献

测量干得好与坏是团队合作的结果。郭平非常重视团队的进步，主动把所学知识、技能和工作经验传授给工友、大中专学生，带领大批青年成为公司的测量骨干。他指导的团队参加集团公司、中国中铁、国资委等各级测量大赛均获得优异成绩，1 人获得全国五一劳动奖章，4 人获得省级五一劳动奖章，3 人获得全国青年岗位能手，2 人获得四川省最美青工。

由于测量工作的特殊性，他常年奔波在外，家庭与工作难以兼顾。2000 年 10 月，孩子刚出生三天。由于新运公司初入广州地铁，测量工作遇到瓶颈，急需解决。他接到通知后立即赶往现场，查找原因。他由于工作过于投入，不慎跌入施工现场坑道造成盆骨骨折住进医院，为免家人担心，他一边向家人谎称工作未完不能回家，一边忍着伤痛躺在病床上和测量人员分析讨论测量数据、完善测量方案。两个月后，测量工作步入正轨，骨伤好转的他坐着轮椅回到家，家人见状不禁心疼地流下眼泪。家人时常问他："你能不能少出点差啊？"他一边敷衍着"嗯"，一边收拾着行李，一次次地踏上新的征程。

郭平指导年轻学员

作为多年从事工程控制测量的技术骨干，有多家公司开出远远超过他目前工资待遇的优厚条件聘请他，都被他婉言谢绝，原因只有一个——“中铁二局是我家”。

2016年的4月29日，带着千千万万测量工作者的责任与荣光，他走进了北京人民大会堂，参加全国“五一”表彰大会，并获得“全国五一劳动奖章”，这是光荣与梦想的激情绽放，这是大国工匠的荣耀。2016年5月，四川省总工会把他作为“天府工匠”进行宣传推介，《四川工人日报》《工人日报》等媒体也先后对他进行了专访。2017年初，他荣获了国务院政府特殊津贴。面对诸多荣誉，他谦逊地说：“我获得的每一份成绩都凝聚着二局人的集体智慧，我只是幸运地站上了领奖台。我还要继续努力，用心做好一名‘匠人’，为造出更好的桥，铺成更宽的路尽一分力量”。

几十年过去了，不管测绘的科技手段发生什么变化，不管有多少发明专利可以改善提升测量的精度与速度，郭平和同事们的工作环境仍然没有改变，他们依然太阳当帽、雨露作衣，依然经历着洪水猛兽般的艰难险阻，冰雪严寒、高温酷暑等种种窘境，艰苦环境对他们来说依然是家常便饭，他们依然在路上。

他们走进了一个个荒漠，带去了万家灯火，还没来得及享受自己亲手建设的成果，便收拾行囊挺进了下一个荒漠。筑路的行业注定是一个艰苦的行业，注定是一个奉献的行业，但更注定是一个英雄辈出的行业。

郭平正用自己的实际行动践行着豪迈的誓言：我们来时也许荒无人烟，我们走时必定万家灯火。

（作者：中铁二局　李杨、高瑞、杨鹏）

『成昆精神的接力者

——记“全国五一劳动奖章”获得者，高级技师母永奇』

采访对象： 母永奇，男，中共党员，1985 年 9 月出生，四川苍溪县人，现任中铁隧道局集团有限公司佛莞城际铁路 3 标项目高级技师，母永奇创新工作室带头人，享受国务院政府特殊津贴，全国五一劳动奖章获得者。

始于无名，知于有志，他是驾驶速度最慢的司机，却给城市带来最便捷的交通出行。在盾构主司机这个普通至极的岗位上，从最初的无名小辈到现在的优秀人才，短短几年时间，他演绎出了一段隧道工人的精彩人生，诠释了“小岗位也能有大作为”的质朴理念。

他就是成昆精神的传承者——母永奇，在继承老一辈中国中铁人“勇于跨越、追求卓越”精神的基础上，大胆前行、开拓创新，以中铁青年人的蓬勃朝气描绘出一幅华美的青春乐章。

壮志凌云，初生牛犊不怕虎

2011年，他进入中铁隧道局集团有限公司工作。工作之初，他被安排到部门内业、维保、主司机等多个岗位学习，无论在哪个岗位，他都尽职尽责，一边学习公司、项目部的各种规章制度、操作规程，一边跟着师傅跑工地现场。轮岗结束后，企业根据个人选择和自身特点，安排他在盾构主司机岗位继续深造。在隧道施工这个行业里，大家都把盾构机比喻为“地下航母”，而盾构主司机就是这艘“地下航母”的舰长，盾构机上的人员工作安排和设备运转

母永奇在现场进行盾构油管维修

情况都由盾构主司机负责。对于一个刚参加工作不久的新人来说，面对着这么复杂的设备，上百种技术参数，上万个零部件，其工作难度可想而知。

要想操作好盾构机，首先必须对盾构机的各个部位相当熟悉和了解，而且还要在机械、液压、电气、土木等方面有一定的基础知识，这对于当年刚接触盾构机的他来说，无疑是个相当大的挑战。他从最基本的盾构拆装维修入手，一点一滴熟悉盾构机的各个零部件，遇到不懂的就找相关的技术人员请教，白天跟着白班师傅学习，晚上跟着夜班师傅钻研，回到宿舍还要对着电脑翻看图纸，就这样坚持下来，他慢慢成长为一名能够独立操作的盾构主司机。

俗话说得好，师傅领进门，修行在个人。面对复杂的地质条件，盾构机的掘进参数有很大的不同，随着盾构机向前掘进，地质情况在不断变化，盾构机的掘进参数也要随之进行调整。这个过程没有任何经验可以借鉴，师傅也无法告诉你具体参数是多少，因为这要结合以往经验和实际情况做出综合判断。在这种情况下，就只能靠自己在掘进过程中不断总结摸索。鉴于此，他养成了每天统计掘进参数的习惯，晚上回到宿舍就认真分析这些数据，找出掘进各种地层的最佳掘进参数，第二天再进行尝试、调整。在掘进遇到困难或者盾构机出现故障的时候，他总是跟着技术人员一起解决了才下班，记得最长的一次他和同事连续奋战了三天两夜才走出隧道。盾构主司机是个稀缺岗位，所以一有机会遇到经验丰富的前辈，他都会虚心请教，不断学习他们的经验和技术，从而提高自己的能力水平。学习不分地点、不分时间，学习对象不分年龄，就这样，他在学习的道路上越走越远，而他自己也在飞快地成长。

坚定信念，千难万苦不低头

盾构主司机每天都要面对艰苦的工作环境，虽然操作盾构机不是纯体力劳动，但每天蜷缩在不足3平方米的控制室里，面对着高温、缺氧、粉尘、潮湿和噪音，无论对身体还是精神，都是一种煎熬。盾构主司机实行的是两班倒，每位司机在地下要连续工作约12个小时，交班时间一般是早上7

点或晚上 7 点，如果是在秋冬季节，他们每天都要过着“暗无天日”的生活，因为不管是早班还是夜班，进出洞时天都是黑的。在这 12 个小时里，盾构主司机要时刻关注仪表和操控盘上的数据变化，根据设备参数和地质变化进行预判，如果设备出现故障，主司机要第一时间作出分析判断，并通知相关人员进行维修。

盾构掘进期间，所有的信息都在“舰长”这里汇总，十几个人的工作队伍也由主司机指挥，因此盾构主司机的判断极大影响着施工的效率和质量。虽然不是强体力劳动，但是每天在主机室里工作十几个小时，还要保持精神高度集中，眼睛不停地盯着显示屏上的上百个参数，不敢出丝毫差错，其辛苦程度不言而喻。就是在这样的环境下，日复一日、年复一年，他一干就是七年。七年间，许多刚开始跟他一起学习的同事都辞职转行了，很多刚毕业的大学生来到工地看一看就离开了，还有一些学徒刚开始能坚持一段时间，但最终还是放弃了。他对这些已经习以为常，他常说，每一个行业都有能力突出的人，他们之所以优秀，不是因为天赋有多好，而是因为坚持到了最后。

脚踏实地，兢兢业业争先锋

参加工作至今，他先后参与了宁波地铁一号线、宁波地铁 2 号线、郑州地铁一号线二期、郑州地铁 2 号线、成都地铁一号线 3 期、成都地铁 3 号线 2、3 期、成都地铁 8 号线的建设工作，目前在参与广州佛莞城际铁路狮子洋海底隧道的施工建设，累计驾驶盾构机掘进里程达到 20 多公里。

在宁波地铁一号线施工中，面对淤泥地质的不稳定性、地表沉降的难以控制等问题，他精确控制参数，驾驭盾构机成功穿越杭甬铁路桥、护城河、咸丰塔和永丰库遗址文物等特殊地段，安全顺利穿越了风险源，将地表沉降值始终控制在 2 毫米以内，并通过此次操作经验总结出了盾构机在淤泥地层掘进中的各项掘进参数控制要点。2013 年，在宁波地铁 2 号线宁波客运中心至藕池站盾构区间掘进过程中，项目遇到较为棘手的地质情况，施工地层中黏土层较多，对盾构掘进造成了较大影响。他认真分析渣土性状，对渣土不断进行改良，不断试验不同的掘进参数，泡沫原液比例、膨胀率、各路泡沫流量大小等各种参数，成功破解难题，提高了掘进速度。此次实践也使他成为当时项目所有主司机中渣土改良效果最好、掘进速度最快的操作手。此渣土改良方法在后续区间得到推广，确保了盾构区间顺利贯通，促进了项目生产效益的最大化。

母永奇操作盾构机进行隧道掘进

郑州地铁 2 号线地层不同于宁波地层，砂质地层是一个新难题。在砂质地质条件下，地表沉降难以控制，刀盘扭矩高，容易盾壳抱死。他结合自己过去的经验，认真研究砂质地层的特性，和土木工程师共同探讨掘进参数，很快掌握了砂质地层中的掘进技巧和要领，在掘进中加入泡沫的同时加入膨化好的膨润土进行渣土改良，且严格控制土压和出渣量，在停机过程中向土仓内注入膨润土保证土压值在要求的范围内。在掘进过程中，盾构机姿态控制良好，地表沉降控制全线第一，并顺利穿越北环立交桥和 1.4 米高压自来水管等各种 1 级风险源，如期实现了区间贯通任务。

在郑州地铁项目工作期间，他曾被临时通知前往另一条线操作盾构掘进，原来这条线路的盾构机姿态难以控制，栽头严重，所有的同事都束手无策，均表示难以调整回去。在接到通知后，他立即赶往现场，认真分析了盾构机姿态栽头的原因和在砂层中盾构掘进时姿态的控制要点，并提出了下部辅助油缸助推、盾壳四周加盾壳膨润土润滑、管片拼装选型间接调整、放慢掘进速度、增加土仓压力等具体方法，并由他亲自操作，连续在隧道内奋战两天两夜后，盾构机被顺利拉回到了掘进轴线上。在郑州地铁1号线2期化铁区间施工中，又是他驾驶盾构机成功穿越危房建筑群、陇海铁路线、铁炉火车站和郑西客运专线高架桥等地段，创造了24小时掘进45米的郑州地铁建设最高掘进纪录。

2014年7月，在河南省产业系统技能竞赛盾构机操作技能比武大赛中，他以出色的表现荣获第一名并被河南省总工会授予“河南省五一劳动奖章”。2015年，在中国中铁第十四届青年技能大赛盾构操作工比赛中，他沉着应战、厚积薄发，一举夺魁，被中国中铁股份有限公司授予“中国中铁青年岗位能手标兵”称号。参加工作以来，他先后荣获“全国青年岗位能手”“中国中铁劳动模范”“中国中铁十大专家型工人”“河南青年五四奖章”等诸多荣誉称号，如今已是国务院政府特殊津贴获得者。2018年4月28日，他又被中华全国总工会授予“全国五一劳动奖章”。这些荣誉的获得，无一不是对他业绩的认可。

潜心钻研，传道授业树榜样

如今，他已熟练掌握了中铁号、小松和海瑞克盾构机的操作方法，熟悉淤泥地层、黏土地层、砂质地层、泥岩地层、砂岩地层、砂卵石地层和全断面硬岩地层等多种复合地层的土压盾构掘进方法，并多次被邀请去兄弟单位进行盾构机掘进指导。在自己成长的同时，他从不忘将自己所掌握的经验和掘进技巧技术传授给他人。在佛莞城际3标项目部开设“盾构大讲堂”期间，他坚持每周给同事传授盾构知识，讨论解决盾构施工过程中的重难点问题。他已经为企业培养出了20多名盾构主司机，徒弟们都在

母永奇现场指导年轻员工

全国各地各个项目上发挥着重要作用。

2016 年 12 月，公司以他的名字命名成立了“母永奇工作室”。工作室以弘扬工匠精神、解决盾构难题为目标，全体成员依托佛莞 3 标大直径盾构施工平台，攻坚克难、潜心钻研，取得了多项技术突破。母永奇工作室成员通过对渣土改良、泥浆配合比研究、泥浆颗粒分析研究、泥浆管路的探测分析研究，已为企业节约百万元资金。工作室 QC 小组研究成果荣获“2017 年全国工程建设质量管理小组活动优秀成果”，并连续两年荣获“河南省建筑业协会 QC 成果一等奖”。目前，工作室已获得泥浆管管箍自动焊接机、大盾构始发延伸导轨固定结构、大直径盾构反力架轴力检测装置等 3 项实用新型专利，大直接泥水盾构常压换刀工法和铁路盾构隧道边箱涵结构快速施工等两项工法，盾构常压换刀刀筒加装刀盖、盾构刀具旋转检测 DCRM 系统改造、泥浆管路磨损漏浆处理装置哈夫节等 3 项科研成果，为企业在大盾构施工领域积累了大量技术成果。

初心永挚，成昆精神永传承

2017 年 3 月，中铁隧道局集团重返大凉山，举行了隆重的“重返沙木拉达”活动，缅怀历史、传承壮志。作为青年代表，他有幸参加了此次活动，而历史神奇地巧合，在烈士陵园的众多碑林中，他意外地找到了自己的外公——一名老成昆铁路沙木拉达隧道建设者的陵墓，它似乎是在静静地等待祖孙的相遇。五十多年苦苦寻找，今朝终得相见，虽是一座青冢，但一家人终于了却了一桩心愿。此次相遇使他正式接过外公未竟的事业，将“为有牺牲多壮志，敢教日月换新天”的成昆精神继续传承下去。2018 年 2 月 12 日，习近平总书记在成都召开打好精准脱贫攻坚战的座谈会上，对中铁隧道局成昆铁路项目青年党员所写的信件做了肯定的回复。这给予了他巨大的鼓舞，使他认识到当代青年应当在祖国的建设事业中做出一番业绩。正如习主席所说“青年一代有理想、有本领、有担当，国家就有前途，民族就有希望。”他也正以自己的实际行动践行着这句话、在自己的人生事业上阔步前行。

“作为一名成昆精神的传承者，作为一名新时代隧道及地下工程建设者，我将时刻不忘忠诚与担当，谨记前辈们的嘱托，不忘初心，牢记使命，在建设祖国的广阔蓝图中，谱写人生和事业的新篇章！”母永奇说。

（作者：中铁隧道局　冯晓博）

『桥梁质检“医生”的故事

——记“全国五一劳动奖章”获得者，高级技师藕长洪』

采访对象：藕长洪，男，中共党员，1983 年 8 月出生，安徽宣城人，现任中铁大桥局第七工程有限公司试验公司高级技师，全国五一劳动奖章获得者，享受国务院政府特殊津贴。

他是一名“医生”，行医问诊是他的职责，不过他工作的对象却是那一座座在建的桥梁。确保桥梁质量，保证桥梁健康地为社会服务就是他的工作，在十几年的从业过程中，他练就了一身“绝活”。

“整天泡在桥梁建设工地上，原料是否合格、工艺是否达标，每道环节都是‘把关人’。十多年工作在桥梁建设一线，练就砂子‘一手抓’就能判断含水量的‘绝活’，也成长为新时代青年‘工匠’代表。”这是新华网对桥梁质检“医生”——藕长洪的简评！

藕长洪，1983 年出生，男，中共党员，中铁大桥局七公司试验公司高级技师。自 2005 年参加工作以来，他始终扎根于桥梁施工一线，从基层岗位一步一个脚印地积淀与奋斗，逐步成长为行业著名的桥梁试验专家，用热爱与专业撑起了属于自己的一方晴空。

藕长洪获得“荆楚工匠”荣誉称号

“不放松”的学劲

书上学、现场练是他的工作常态。

坚持学习，已经成了他工作以来养成的习惯。2005年通过成人高考，三年后拿到了华中科技大学工程管理本科学历证书。曾经，在鄂东长江公路大桥项目部，抱着极大的决心一口气报了四门考证课程。近三个月时间，每晚坚持学习到半夜，第二天一清早开始安排一天的工作。感觉精力不济时，他就鼓励自己：坚持、坚持、再坚持。

有人说：“白天做好自己的工作都已经很累了，晚上干嘛还那么拼命，小心年纪轻轻身体累垮了，还不如做好自己的事拿好自己那一份工资。”还有人说：“书本上学到的东西在工地上都用不到的，还不如老老实实干自己的活，瞎折腾浪费时间。”面对种种质疑，他却对周围的人说，取证备考的过程就是一个学习专业、提高专业实作技能的过程。大伙儿也就微微一笑，继续干自己的活了，心里肯定不免偷偷地笑他:真是一头“犟驴”。

有人说鲁迅是天才，可鲁迅自己说：“哪里有天才？我是把别人喝咖啡的工夫都用在工作上的。”为学之要贵在勤奋、贵在钻研、贵在有恒。正是凭借着一股“不放松”的学劲，在项目任务繁重的情况下，他先后取得了湖北省建设厅和交通厅试验检测员证、交通部和铁道部两个试验检测工程师证书以及计量检定员、国家内审员等执业资格证书。

虽已是享受“国务院特殊津贴”的专家，但这位80后却告诉曾经采访他的记者:“我太年轻,还不是专家,但肯定会坚持走在成为‘专家’的路上，让知识的‘雪球’越滚越大。”

“不服输”的韧劲

他把每一个工地、每一个试验室都当成了实现理想、展示作为的舞台。他并不直接参与施工，却天天泡在工地里，脑子里琢磨的是：混凝土配合比是否达到施工要求，钢筋粗细、强度够不够。多年来，在试验室无数次甘于寂寞的试验，让他长出了一副“火眼金睛”。砂子的含水率多少，他用手一抓就一清二楚。凭借这一手绝活，他在很多国家级的技能大赛中屡创佳绩。

藕长洪现场实操

多年来，数次在中铁大桥局、中国中铁试验检测技能大赛中历练并夺取多项奖牌的藕长洪，在 2013 年中央企业建筑材料试验工职业技能大赛上再次凭借出色的表现摘得大赛银奖。2012 年 6 月，他参加中铁大桥局第五届试验技能大赛，获得个人第一，同时作为队长他带领团队获得团体第一，包揽个人、团体两块金牌；他个人还被授予中铁大桥局“金牌职工”荣誉称号。2015 年 5 月，在中铁大桥局第八届职工工程试验、电工技能大赛中，他担任七公司试验代表队教练，以自己多年参赛经验和训练方法，带领团队摘得团队第一，且队员包揽个人前四名。2016 年 5 月，带领试验团队在集团公司第九届职工（外协人员）技能大赛工程试验大赛中获得团队第二；6 月，他培养的试验工刘庆在中国中铁第十五届青年技能竞赛工程试验技能大赛上勇夺个人第一。2018 年 5 月，他带领的试验团队再次蝉联集团公司第十一届职工（外协人员）技能大赛团体、个人双第一。而且，他带领的这个团队成员董志成一举斩获中国技能大赛中国中铁股份有限公司职业技能竞赛试验技能大赛第一名。

在这些大大小小的赛事中，他总能过关斩将、斩金夺银，他带领的团队也是劈波斩浪、勇往直前，周围的同事总是调侃他为“藕金牌”。实际上，他练就这些“绝活”，取得这些成绩，靠的就是年复一年日复一日的琢磨与积累，把这一件件看似简单实则不然的小事做到极致，达到别人不曾达到的高度。

对于同事们的赞誉，他总是这样解释：“像这种竞技类的比赛其实还是很残酷的，每次参加都面临巨大的压力，参加比赛获得奖牌不是我的目的，我是想通过比赛能够提高业务水平，达到‘以比促练’的效果”。

“不要命”的拼劲

一个优秀的试验技师，仅仅靠“一手抓”是远远不够的。桥墩、主塔、梁体需要不同配比的混凝土，都需要试验技师先行研制。

2007 年 10 月，他被调往鄂东长江公路大桥项目，要求做好交通项目试验室的组建工作。安装试验室仪器时，在工人不足的情况下，他挽起袖子亲自上阵，被运转失控的取芯机伤到左眼角，医生说要是再偏 1 厘米，他的眼睛就保不住了。他不顾医生留院察看的要求，打完消炎针就回去继续忙碌。第二天早上起床时，脸肿胀得眼睛无法睁开，就在这样的情况下，他仍然在空余时间打完点滴后又坚持回到试验室安排工作。那是他首次独立负责全项目的试验检测工作，工作压力和极为认真的个性，让他渐渐由没有时间睡觉到有时间也睡不着。他失眠了两个多月，夜夜无眠让爱说笑的他几近崩溃。靠领导、同事和家人的关怀与支持，他整理思绪，平复心情，渐入佳境。在他的带领下，试验室一次性通过了湖北省交通厅质监局的验收。在 2009 年湖北省重点工程试验检测专项检查中，他负责的试验室取得了 90.5 分、全省第一名的好成绩。

干工程这一行，一个工地的结束就是另一个工地的开始。日复一日，年复一年，周而复始。武汉三环线三金潭立交工程开工半年后，家里需要装修婚房，而工地正值现浇箱梁、粉喷桩大面积铺开，试验室总共只有三个人，在最繁忙的半年时间，他选择值守工地，家里装修，他只回去了一天，陪着爱人买了几套灯具。2014 年，他在宜昌庙嘴桥项目部主持试验工作。大桥主塔上横梁第一次混凝土浇筑前夕，女儿生病住院了，情况紧急，他心急如焚，但一想到主塔上横梁浇筑混凝土，需要泵送至

100 余米高的主塔上，又是第一次使用热水泥混凝土配合比，混凝土的质量把控至关重要，他还是选择了留守工地。他常说："在关键时候，感觉不到累，感觉不到苦。"

藕长洪现场操作

“不留情”的狠劲

在他看来，要成为一名优秀的建筑材料试验员，“较真”是必备品质，材料只有合格、不合格，决不能有“差不多”。

2009 年，他在参加湖北鄂东长江公路大桥建设时，因为汛期到来，长江上所有砂场都被禁止入江采砂，导致项目上新来的一批砂源被他检验出质量不达标。他坚决要求清场，可运砂的货车司机不乐意了，因为不收货，砂场就不能付他们运费。司机们堵在他办公室门口，有的求情，有的耍横，但他硬是没松口。“干我们这行，要把脚手架上站的人都当作自己的亲人，把试验室里的事都当作自己的家事。我们对水泥、砂、钢筋、混凝土等材料出具的报告，是白纸黑字，得终生负责。”他经常对自己试验室的人员这样说道。

俗话说“做人留一线，日后好相见”，面对着桥梁质量这沉甸甸的重担，他的字典里却没有“情面”这个词语。三金潭项目大部分为混凝土结构物，使用外运商品混凝土。为了控制好商混质量，每次浇筑前，他总是提前到商品混凝土搅拌站去查看原材料，对于原材料不符合要求的搅拌站坚决不使用。

他与商混站操作手的一次谈话还被传为当时的一段“佳话”。操作手说：“藕工，你知道吧，我们站里的人都怕你，特别是生产经理和试验室。”他问：“为什么呀？”操作手说：“你每次在浇筑混凝土前都要来看原材料是否合格，不合格就不准使用啊。还有就是你懂试验，对试验室的工作非常熟悉，他们骗不了你，所以你一来他们就紧张。”

他后来回忆时说，这要感谢他的领路人，也就是刚参加工作时的师傅。是师傅告诫他说：我们做试验工作的，整天跟数据打交道，一定要敬畏质量，坚守底线！我们的工作容不得半点马虎，我们的态度更容不得半点儿戏，这就像穿衣服扣扣子一样，如果第一粒扣子扣错了，剩余的扣子都会扣错。

“不知足”的钻劲

桥梁建设使用的大量混凝土，都需要试验员根据不同构件需求，相应调整混凝土的砂、石、水泥、粉煤灰等原料比例，达到相关性能要求。

在湖北宜昌至喜长江大桥项目中，悬索桥两段锚碇需要浇筑大量混凝土，对桥梁悬索起到固定作用。一个锚碇就有数万立方米的混凝土，配比不合适就容易散热不均导致开裂，产生隐患。他和同事前后试验了近1个月，把现场容易出现的问题及处理的细节记录下来，进行归纳分析。一点一滴地分析、归纳、总结和积累，他采用高比例掺加粉煤灰、矿粉和高性能减水剂等创新方案，既解决了大体积水化热的行业难题，又保证了施工质量，这项举措为企业节约成本上百万元。

他主持的《提高悬索桥加劲叠合梁桥面板预制精度》和《锚碇大体积混凝土施工质量控制》两个课题分别获中铁大桥局集团公司QC成果二、三等奖，中铁大桥局科技创新一等奖，中国建筑业协会质量管理一等奖。他提出的多个金点子及合理化建议均在施工生产中起到非常好的效果，其中“试验仪器二维码身份证”获中铁大桥局集团公司2015年“金点子奖”。

如今，他更是依托自己的劳模创新工作室主动探索“移动式搅拌站”和“标准化、智能化、信息化工地试验室建设”等课题。他创新提出微型

藕长洪现场指导年轻员工

试验搅拌站的想法，报公司审核后，联合厂家研制出微型试验搅拌站，一改传统强制式单卧轴搅拌机效率低、危险高的特点，通过自动称料、提升和卸料的方式，有效规避了人为操作不当的因素，降低了人力劳动强度，同时其运行系统的密闭设计有效降低了水泥、粉煤灰等粉尘污染，该成果获评中铁大桥局 2017 年度“金点子奖”。通过对设备、信息技术管理的研究创新，使基于传统模式下的试验检测工作在现代化信息理念和信息规范的引导下发生质的演变，实现了试验室工作的现代化、高效化。

天道酬勤，丰富的理论知识和施工一线的历练成就了藕长洪很多荣誉。他先后获得湖北省“五一劳动奖章”、全国“五一劳动奖章”“中央企业技术能手”“中央企业青年岗位能手”、中国中铁“青年岗位能手”“杰出青年岗位能手标兵”“全国最美青工”，享受国务院特殊津贴。

“苟日新，日日新，又日新”。藕长洪在不断探索中前进，敢于作行业的先锋，不作过客、不当看官，在桥梁事业中肆意挥洒汗水青春，让梦想在奋斗中远航。

（作者：中铁大桥局　董志成、吴冬冬）

『高铁铺架设备的“守护神”
——记“全国劳动模范”，中国中铁特级技师翟长青』

采访对象： 翟长青，男，中共党员，1961 年 3 月出生，山西省昔阳县人，现任中铁四局八分公司高级技师，我国第一台电传动轨道车安装调试负责人，获得中华全国铁路总工会“火车头”奖章、全国劳动模范等荣誉。

早在改革开放初期，邓小平在日本考察时速 300 公里高铁时就感慨万千 :“像风一样快，我们现在很需要跑。”一句普通的话语饱含着炎黄子孙“赶超世界水平，振兴中华民族”的期盼，也更坚定了中国铁路“跑”的发展理念。而在中国产业报告中，明确提出中国高铁已“先行”迈向中高端。几十年的卧薪尝胆，换来了如今的领先地位。这其中离不开中国铁路现代产业大军的奋斗，翟长青便是这支大军的杰出代表之一。

毕业于襄樊技工学校的翟长青，是我国第一台电传动轨道车安装调试负责人，先后获得中华全国铁路总工会“火车头”奖章、全国劳动模范等荣誉。2005 年 10 月，由中国南车集团调入中铁四局八分公司，一直负责铺架设备管理和技术指导工作,成为员工公认的高铁铺架设备的“守护神”。

从头做起　赶超国际

今年 58 岁的翟长青，从小就对电器设备有着浓厚的兴趣。2003 年，作为高级技师，他受中铁四局八分公司邀请，参与监制和试验我国第一台

翟长青获得“全国劳动模范”荣誉称号

450T 及 900T 运架桥机和 CPG500 铺轨机。助勤的那几年，切身感受了铺架工人野外高空作业、常年风餐露宿、四海为家的艰苦生活。对这些高铁铺架设备的特殊情感，让他毅然选择了中铁四局。

十几年如一日的辛勤工作，确保了公司多种类型的铁路铺架设备良好运转。说起他，共事多年的上司——原八分公司机械部部长周卫国这样评价："我们翟工为人低调，特别爱学新东西，有钻劲，肯吃苦，一年有 300 天左右盯在施工现场，风里来雨里去的，从来没见他发过一次牢骚，说过一句怨言。"

铁路建设是一个系统性工程，其中新线建设是最为艰苦的一部分。他所在的中铁四局八分公司是专业铁路铺轨和架梁的单位。高铁铺架是一种长距离移动、前后方配合、多工种联动的机械化施工作业，钢轨焊接、吊装、运输、铺设、扣轨、调试，有碴轨道还要大机养护，每一项工序包含的设备都很多，技术含量高、门类多、联动性强，且故障概率高、隐蔽性大，给查找和排除带来很大难度。

他参与研制的 CPG500 铺轨机，其中的可编程序控制器、计算机控制系统、变频调速器、伺服控制器等主要电器元件产品来自德国西门子、日本三菱、韩国三星等外国公司。

翟长青现场操作

为了能够从一块块设备显示屏的反馈信号上“下海捞针”、迅速排查，准确搞清故障原因，他的书桌上堆积着各种各样的资料，一有时间，就拿出那些英文说明书，一边翻阅英文字典，一边查阅网上资料，反复比对相关电控技术，仔细研究这些设备元器件的线路图，用线点排除法对它们进行“解剖 ”，有时竟忘了吃饭、睡觉。这种坚持与不懈努力，炼就了他对各种设备故障排除“一针见血”的本领。

2006 年，合宁高铁焊轨施工时 GAAS80 焊机出现故障，赶到现场的他通过传感器信号不稳定的检测，判定问题出在主机集成电路主板上。是自己立即拆机检查，还是请国外维修人员？翻译说：请他们来换主板，时间至少一个月。他以敢于创新、敢争一流的精神，指导现场技术人员拆开主板，仔细测量出主板中的一个电阻实际阻值忽大忽小，与色环不符，马上购买安装，故障随即排除。

2008 年，合武高铁铺架因文物保护拖时工期紧逼，焊轨紧张的节骨眼上，一台移动焊轨机上的卡特彼勒发电机出现故障，他赶到现场，根据工作原理和经验比对后，果断采用国产三相整流桥、双向击穿二极管、压敏电阻组合，替代损坏了的旋转整流模块，及时恢复了发电机的正常使用。

凭着多年的经验，他用元器件替代法，还成功地解决了 GAAS80 焊轨机、K922 焊轨机的故障，受到厂方专家的啧啧称赞。

传承技术　延续创新

作为我国高铁建设的主力军，中铁四局八分公司先后承担着全国高铁铺架四分之一的施工任务，各种铺架设备分散在大江南北，而且铺架施工常常因前期施工滞后和后期四电工程交叉作业干扰的“前后夹击”，造成倒排工期、人休机不停的抢工局面。翟长青说：“设备故障误工一天，不仅给已经很紧的工期带来更大压力，而且会造成上万，甚至几十万的直接经济损失，增加成本费用。”为此，他把每个工地的设备维修人员组织起来，通过传、帮、带，使他们成长为高铁铺架设备维护的骨干，建立起铺架设备的守护“舰队”。

翟长青（右一）指导年轻员工

他领着这支舰队，以“宁愿自己千辛万苦，不让设备多停一分”为目标，针对铺架现场容易出现的问题，大胆进行技术革新。在JQ160架桥机运梁车上安装编码器接近开关和数字式速度表，控制运梁速度；在长轨列尾部加装光电感应装置，防止CPG500铺轨机的车载龙门吊失控；用36伏低电压控制500米长钢轨的起吊启动电流，提高龙门群吊的稳定；改进进口K922焊轨机的接线，加装指示灯避免短路；在架桥机等设备上广泛采用新型工业控制装置—可编程控制器（PLC），控制各类设备的生产过程。“我们的岗位虽然平凡，但我们的眼光必须高远；我们学技术，争的不仅仅是中国高铁建设的时间和速度，还有中国在世界高铁建设中的地位和品牌。”

十几年来，他先后参与了合宁、合武、温福、武广、甬台温、沪宁、合蚌、宁杭、石武高铁、西宝线、张集线、洛湛线、宜万线、汉宜线、杭州东、锡乌线、集包线、巴新线、南京枢纽沪、汉蓉通道以及安哥拉、委内瑞拉等焊轨生产线用电方案的编制和实施，同时指导了设备的安装和调试，在机械修理、技术革新、合理化建议方面为企业节约成本千余万元。

常年奔波在施工一线，他积累了丰富的机械机电方面的技能和经验。为了更好地将这些技能传承，服务于施工现场，2014年底，八分公司成立

翟长青现场检查设备问题

了“全国劳模翟长青创新工作室”。通过师带徒的办法，他将毕生所学倾囊相授，手把手地为徒弟们演示故障查找的方法、分析出现问题的原因、提出维修解决的方案，从设备的工作原理、功能要旨的内涵理念上让大家懂得为什么用这样的查找方法、还可以用什么样的方法。他说：“创新工作室不光是一个实物，更多的是对工作的思路和理解，由工作室开发的产品和申请的专利对公司设备的技术革新产生了非常大的作用。”

截至目前，创新工作室先后举办电工、机械钳工培训 16 期，培养技术骨干 141 人，劳模工作室的技术专家利用自身优势，积极开展“传帮带”活动，挑选技术骨干结成师徒对子，通过言传身教，有 29 名徒弟成为现场施工的中坚力量。其中，不乏李曦这样的局电工比武大赛状元，以及阚亚颖这样的局青年技术能手和局青年技术标兵。裴玉虎是他教过的众多徒弟中的一位，如今已经走上了本单位的管理岗位。在裴玉虎印象里，师父身上有这样几个关键词：“随和、认真、细心”。裴玉虎在接受采访时说到，翟工是一个喜欢发掘人才的人。除了重点培养一批科班出身的工人外，翟工会特别留意施工现场一些理论水平相对薄弱但经验丰富的工人。只要一有时间，翟工就会细心地对这些工人进行一些理论指导。每到一个工地处理设备故障时，都把工地的技术人员带在身边，结合实际讲授设备的工作原理、功能要旨等。他还手把手地教他们查找故障，拟定维修解决方案的方法，毫不保留地授之以渔，培养起多个铺架设备技术团队。

通过劳模工作室专家的言传身教，有效开拓了技术人员的创新思路，提升了创新工作能力，学员们不仅学到了技能，更重要的是感受到劳模精神的传承，这对他们返岗后立足岗位作贡献起到积极的促进作用。在他的带领和指导下，进修员工共完成 12 项技术革新课题。他还及时组织总结推广劳模创新工作室的经验做法，把一大批有知识、有技术、有胆识、有能力的优秀人才汇集在一起,为企业培养和造就了更多的“一线创新人才”,推动了职工队伍素质的整体提升。在他的谆谆教导下，一支高素质年轻化的机电维修队伍正在冉冉升起，成为中铁四局八分公司大型机械设备维护事业的生力军。

风餐露宿　四海为家

自古忠孝难两全。为报答企业的知遇之恩，不管刮风下雨，不论白天夜晚，只要现场出现设备故障，翟长青总是第一时间赶到，全身心地投入设备的故障处理。他说：“自己从小就喜欢搞无线电，爱好这一行，现在每排除工作上的一个障碍,心里都会有一种成就感,也就不会感觉到辛苦。”

2007 年，岳父腰脊椎骨折住院手术，岳母摘除左眼球，都是妻子回家照料,他在看到出故障的 K922 焊轨机正常工作时,才想起远在病房的双亲,拿起电话时，眼圈都红了。

说起新线铁路建设者的苦，他的妻子杨丽敏说：“苦和累没什么，老翟现在维修的都是大型机械设备，有时候还必须要带电查找故障；900 吨架桥机的大臂有 70 米长，只有 80 厘米宽，悬在几十米、上百米的高空，不说风大雨滑难以平衡，仅说稍有漏电，就是系有安全带，后果都是不堪想象的。”

2008 年春节前，他在从工地回合肥的途中，接到宜万工地 JQ160 型架桥机运梁车牵引电机损坏的电话，立即下车直奔武汉电子市场购买配件，解决难题后再返回合肥时已经腊月二十七了。在返程的长途车上又接到工地焊轨基地出现故障的电话，他通过电话指导工作，等找到故障原因后，才感到饥寒交迫，这时他已经 20 个小时没有吃喝了。

认真是对工作的态度，“要想达到精益求精就必须要认真，以维修为例，要把一个问题周围可能产生的问题都要分析到，当忽视某一点时，那一点就可能会出现问题。”翟长青说。

据悉，截至 2018 年底，中国的高铁运营里程达 2.9 万公里，占全世界高铁运营总里程的 60% 多。中国高铁建设从勘察、设计、施工、装备制造，到运营管理、维护，形成了一整套体系，成为世界上建设、运营高铁最发达的国家。这个过程中，有数以百万计的中国高铁人，在高校实验室、在工厂车间、在新线建设工地、在崇山峻岭奔波劳碌，共同托起了“中国高铁”这一闪亮的世纪名片。

翟长青在他的事迹报告中这样说：“能获得国家对劳动者颁发的最高荣誉，我很激动、很高兴。党和政府给了我这么高的荣誉，既是鼓励，更是鞭策，我深感责任重大，决心把此次表彰作为工作新的起点，更好地立足岗位，学习新知识，学习新技能，爱岗敬业。”正是有了像翟长青这样有责任心的大国工匠，我们的铁路技术才会不断地向前发展，中国梦才能最终实现。

在国家铁路重点工程的建设中，翟长青以他独有的执著和坚韧默默耕耘，确保了世界一流设备的“一流”运转，为我国高铁建设的快速发展做出了积极贡献，无愧为高铁铺架设备的“守护神”。

（作者：中铁四局　吴怀球、邵军体、倪媛媛）

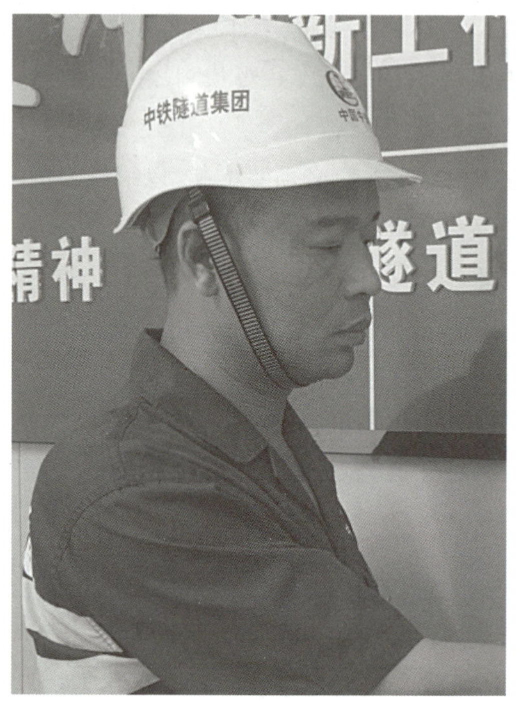

『劳动光荣，创造伟大
——记“全国五一劳动奖章”获得者，中国中铁特级技师李友坤』

采访对象：李友坤，男，中共党员，1970 年 9 月出生，四川省南溪县人，现任中铁隧道局三处有限公司广州铁路外绕二分部高级技师，全国五一劳动奖章获得者，中国中铁李友坤隧道技能大师工作室和中国中铁劳模（专家型职工）创新工作室带头人。

他是中国隧道工人的优秀代表，从一名隧道风钻工，通过努力学习、刻苦钻研，在很短时间内就全面掌握了隧道开挖技能；他以精湛的隧道施工技术、忘我的奉献精神，在祖国大江南北无数的隧道施工中，排危岩，战涌沙，创造了全国最高掘进记录和最佳经济效益，在深深的隧道之中，绽放光华，做出了令人瞩目的业绩。

他就是李友坤，1970 年生于四川省南溪县的他，现任中铁隧道局三处有限公司广州铁路枢纽外绕线二分部高级技师，中国中铁李友坤隧道技能大师工作室和中国中铁劳模（专家型职工）创新工作室带头人。

参加工作 25 年以来，他先后参与了武广大瑶山隧道、厦深铁路大南山隧道、成兰铁路隧道等十几条国家重点铁路隧道工程的施工，创新施工方法 60 项，创造经济效益 800 多万元。先后荣获全国“十大知识型职工标兵”称号、中华全国铁路总工会火车头奖章、中央企业知识型先进职工称号、全国五一劳动奖章，2011 年获国务院政府特殊津贴。

从一名普通的开挖工，成长为今天的“隧道专家、工人楷模”，李友坤以不怕吃苦的精神和敢为人先的激情，书写着自己的“隧”月人生……

学一本有益书

1994 年，李友坤在家人的鼓励下，到父亲退休前所在的单位——铁道部隧道局第三工程处工作，分配到昆明西园隧道工地，成为了一名最基层的隧道开挖工人。

作为一名刚入隧道行业的年轻人，他对隧道专业知识和技术一片空白，感到很迷茫，对未来的路也不知道如何选择。是父亲给他吃了一颗“定心丸”，告诉他：“没技术没经验不可怕，能赚得了钱时要努力挣钱，要有养家糊口的能力，不能等靠要、依赖别人；挣不了钱时要努力学习，成长自己，重要的是要沉下心来学知识学技能，这些东西才是你的财富。”在职业生涯里，父亲的这段话深深地印在了心里。

《隧道开挖》是一本系统讲解隧道开挖知识的书，这本书是实现李友坤职业生涯第一次转折的“动力源泉”。90 年代的工地生活相当枯燥，大

李友坤获全国五一劳动奖章

多数工友都喜欢下班去看录像、看电影，而他一有时间就抱着《隧道开挖》研读，遇到不懂的地方就向他人请教。班长和队长看到他是一个勤奋好学上进的年轻人，就倾囊相授。他把从书本上学到的理论知识应用到开挖实践中，一个月时间，就熟练掌握开挖工作中运用到的全部资料名称和性能指标，走在了其他工友的前面。当时，队上开挖班非常缺人，队长就让他带着开挖班进隧道作业——他第一次尝到了学习带给他的“快乐”。

有了第一次的小收获，他对工作更加充满了信心，坚持学习，喜欢钻“牛角尖”，对于正确结论的追求锲而不舍，遇到不懂的问题必须弄明白才肯罢休，有时候会因为一个问题和工友相争不下。他是一个喜欢争论、喜欢问题的“入门学生”，正是因为勤奋好学，工作中爱动脑筋，每次队长检查提问，他都能答出来，成了队里重点培养的对象。参加工作三个月以后，

李友坤在测量钢筋间距

他就被破格提拔为副班长；六个月以后，被任命为开挖班长。

在 1994 年到 1998 年这四年间，他利用别人休息的时间，将《隧道开挖》翻看了不知多少遍，对于书中所有的知识点都牢记在心，甚至哪个知识点在哪一页他都了然于胸，加之四年的一线实际操作经验，在 1998 年工程处青工技术比武的时候，他的理论和实操都获得第一名；被推选参加局里的技术比武，再次夺得第一名；又被推选参加洛阳市和总公司技术比武，第三次夺得了第一名。

常言道：机遇垂青有准备的人。时间就像打鱼撒网一样，你把网撒在哪里收获就在哪里。只有学习，才能改变自己、改变命运。而正是因为学习，他的职业生涯才得到了一次质的提升，人生也因此实现了转折和飞跃。

做一个实干家

事情无论大小，都要脚踏实地一点一滴干出来的。第一次抱风钻时，李友坤根本不知道从何下手，只能看着其他人，照葫芦画瓢。因为动作不标准，存在危险，被班长发现后一阵痛批。开挖工每天洞内的工作时间超过 10 小时，整天在昏暗、潮湿、狭小的空间中与噪声、粉尘、泥浆、混凝土为伴。当时，为了掌握风钻操作技能，他在休班的时候不休息，跑到

李友坤在隧道掌子面打风钻

隧道里，请求另一个开挖班的班长给他打风钻的学习机会，很快就独立掌握了打风钻的要领。

见之不如知之，知之不如行之，实践才是检验真理的唯一标准。大家都知道，隧道里的风钻很容易坏，每次坏了都要拿到隧道外，找专门的师傅维修，特别耽误时间、影响效率。为了及时解决问题，他就经常扎进维修师傅的工棚里观看学习。刚开始他就在师傅旁边主动帮忙打下手，时间一长，老师傅很受感动，只要他一下班，就叫他去维修车间，一边给他讲解维修保养原理，一边让他亲自动手。就这样，他很快掌握了维修保养风钻的技巧。

当然，实干就要敢担当，敢于接烫手山芋。2009 年，他在杭州半山项目当生产经理，由于项目施工正式进洞的时候专业施工人员不好找，就把做临建工作的十几名混岗民工留在项目上，让他们继续为项目服务。面对这群从来没有抱过风钻、没有接触过隧道施工的工人，他主动承担压力，手把手教他们，每一道工序严格把关，一个个工作细节反复给工人讲解，直到他们熟练操作为止。由于他事事带头冲锋，工人倍受感动，专业技能在短时间内得到迅速提高，达到了专业化施工水平——混凝土内实外光，预埋件安装漂亮规范，两模之间没有错台。

刀在石上磨，人在事上练，一行可以胜百巧。要做就做迎着晨光的实干家，不做面对晚霞的幻想者，新时代是奋斗者的时代，更是实干家的舞台。

一分耕耘　一分收获

人生没有等出来的辉煌，只有拼出来的美丽。在李友坤的职业生涯里，始终相信只有付出比别人更多的努力，才会获得比别人大的成绩。干过隧道的都知道，隧道和地下工程施工风险很大。特别是长大隧道施工，刚放过炮之后，洞内有大量烟尘，要较长时间才能排出。等的时间很长，效率低。作为开挖班长，他总是在炮响后提前到掌子面观察爆破情况、总结爆破效果，那时候爆破的灰尘还没散尽，呛得鼻孔感觉喘不过气来。在指挥找顶的过程中，为保护大家的安全，他眼观六路耳听八方，时刻警惕坠石和塌方险情。

有时候一天在隧道内一站就是十几个小时，常常会有意想不到的情况。他印象最深的一次是在昆明西园隧道施工中，遇到了比较大的流砂，为了解决问题，他连续七天七夜没出隧道，实在困极了就在旁边躺着休息一会儿，一直到把流砂处理好。在云南六沾铁路项目，又遇到了瓦斯和极高的应力软岩大变形的三联隧道，他都凭百折不挠的毅力和不怕吃苦的韧劲克服了。

时间的种子对所有人都是公平的，你把它撒在哪儿，它就能在哪儿长出果实。用在学习技术上，你的专业能力就会日益精进。

从事隧道行业二十几年以来，他在工作中爱岗敬业、一心为公，从一名普通开挖工做起，通过刻苦钻研、勇于探索，在很短时间内就全面掌握了隧道开挖技能，并不断改进施工工艺、提高施工水平，逐渐成长为技术工人骨干、管理骨干。时至今日，虽然获得了深圳建筑业协会优秀工匠、全国五一劳动奖章、全国“十大知识型职工标兵”、中华全国铁路总工会火车头奖章、河南省劳动模范、国务院政府特殊津贴等多项荣誉，但他戒骄戒躁，继续扎根生产一线，潜心研究创新。

2014 年，他以劳动模范的身份参加中国劳动关系学院脱产学习。每逢寒暑假，他都是在放假的第二天就回到工地。当时，成兰铁路平安隧道是全线最长隧道，地质条件有“四极三高”特征（地形切割极为强烈、构造条件极为复杂活跃、岩性条件极为软弱破碎、汶川地震效应极为显著；高地壳应力、高地震烈度、高地质灾害风险）。为了解决隧道变形和高强度的岩爆，确保施工安全，他与技术管理人员一头扎进施工现场，共同研究，顺利通过了岩爆和大变形地段。

诚信感恩　饮水思源

面对过去的荣誉和成绩，李友坤始终不敢忘了自己是名隧道开挖工，是企业为他提供了成长和实现价值的平台。

他不忘初心，本着“急难险重挺在前”的作风，坚持冲在第一线。项目前期进场时，由于交通运输不便，吃水问题难以解决。为在项目驻地山顶修个水塔，要将 800 多斤重的钢板完整地运到山上。起重机无法靠前作业，外面的队伍不肯干，他就带着项目前期进场的 20 多名员工，用手抬肩扛的方式，用三天时间完成了所有材料的运送任务，仅此一项为项目节省开支 20 多万元，树立了榜样，锤炼了队伍，把不可能变成了可能。

能成为劳动模范，他深知这是国家、企业对他工作能力和人品的肯定，同时也是对他寄予的殷切希望。“落其实者思其树，饮其流者怀其源。”他常怀感恩之心，常记相助之人，无论多忙，都坚持给项目员工上课。尤其是新入职的员工，正处于由学生向员工转变的可塑时期，很需要正确的引导。他将窦铁成等一大批劳模的事迹给大家分享，去感染、引导大家，收到了很好的效果。

李友坤（前排右一）在施工现场指导交流

一枝独放不是春，百花齐放春满园。人生最有意义的事不仅是自己开心快乐，更要带着更多人开心快乐。授之以鱼不如授之以渔。多年来，他一直坚持将自己总结出来的施工经验和技能、工法等编成课件给大家分享，提升大家的技能水平。他自己就是从最基层的开挖工走出来的，知道大家的不容易，对来请教的员工、农民工，他向来都是来者不拒、毫无保留。有时为了让工人尽快掌握操作技能，他手把手教他们如何操作。作为隧道局隧道开挖培训主要授课老师，经他培训的年轻工人数以千计，其中绝大多数都成为了项目的技术骨干。

每到一个项目，单位都成立由以李友坤为带头人的创新工作室，聚集各个岗位、各个工种的技术能手和青年才俊一起解决施工难题。通过努力，改良出多项工艺工法、QC 成果、五小创新，为项目节约了大量的人力物力。2018 年，工作室被河南省总工会正式命名为“河南省示范性劳模和工匠人才创新工作室”。更是通过工作室的示范表率作用，带动了一大批年轻人参与到创新创优活动，帮助他们成长成才。

李友坤是我们新时代筑路人学习的楷模和榜样，也是我们隧道人的优秀代表。他从一名普通隧道开挖工成长为隧道技能大师，得益于他那份爱国、报国的“赤子之心”。在他身上，看得到勤奋学习带给一个人的脱胎换骨、劳动创新带给企业的变化、诚信感恩带给社会的能量。“劳模精神”将激励着一批又一批青年才俊投身到祖国的建设中，积极担当作为、乘风破浪。

（作者：中铁隧道局　宋海龙）

『蓝领“状元”显身手
——记“全国劳动模范”，中国中铁特级技师何军』

采访对象：何军，男，中共党员，1970 年 7 月出生，陕西省宝鸡市人，中铁电气化局集团三公司电气化分公司高级技师。先后获得“全国知识型职工先进个人”“中央企业劳动模范”“全国劳动模范”“全国交通技能能手”等荣誉称号。

他是一名70后，虽然只有中专学历，却是接触网领域的行家里手。“全国交通技能能手”验证了他的实力，“全国知识型职工先进个人”见证了他的努力，“中央企业劳动模范”“全国劳动模范”印证了他的魅力。

他，就是何军，中铁电气化局集团三公司电气化分公司的一名接触网工。

参加工作23年来，他一直扎根一线，先后参加了京郑、京广、京秦、京九和京沪高铁等21条（段）国家重点工程电气化铁路建设项目施工，完成接触网作业总长超过3600公里。白天在工地边干边琢磨，到了晚上就和几个志同道合的同事看书查资料，把500多页的《接触网施工手册》翻烂了两本，记了厚厚的三大本笔记，对接触网专业的每个零部件名称、用途和性能，每道施工工序的技术标准、施工工艺流程、安全卡控措施都了然于胸。2007年，他参加中国中铁第六届技能竞赛，获得接触网工第一名，成为“蓝领”状元。

练就一身“绝活”

何军从衡水铁路电气化技工学校毕业，被分到了中铁电气化局集团三公司四段的月山枢纽工地。当时正进入接触网下部工程施工，每天面对的工作不是支柱整正，就是运沙石料、基础浇制。单调的工作内容、日复一日的体力透支，没有使他退却，反而成了他历练身心的好机会。更使他庆幸的是，有几个业界赫赫有名的老师傅做他的“开门师傅”。师傅们以身作则、忘我奉献的精神和精湛的施工技术深深地感染和激励着他。生性好强的他问自己：“老师傅能吃这份苦，我就不能吗？”电气化施工的基础浇制由于受到地形的限制，需要将沙子、石子、片石、水泥等材料背上路用平板，4个人一天要装满一个平板，一天要背着50到100斤的材料往返300多个来回。浇筑基础时，四个人采用标准的“三三制”人工搅拌方法，一个基础要连续四五个小时才能完成。基础打完躺在床上，19岁的他第一次知道了什么叫“散架”。他深刻地理解了第一代电化人的创业艰辛，更深刻地理解了电化人特别能吃苦、特别能战斗的光荣传统。一年下来，手磨出了厚茧，胳膊变粗了，身体变壮了。“干工作同时又锻炼了身体”，他并不抱怨苦和累，反而干得更起劲了。

刚参加工作的何军，感到前辈们的实践经验比书本上的理论丰富鲜活多了，就把身边的每个人都当成自己的师傅，不懂就问，不会就学。接触网上部作业开始后，师傅们手把手教，何军总是第一个登上支柱动手实做，每项作业都要求自己做到最好。他是个“不安分”的人，对师傅教的技术，总是在充分消化的基础上多问上几个为什么，并尝试用不同的而且是最简洁的方法替代和改进传统的施工方法，使施工安全稳定、施工效率大幅度提高。

接触网施工中难度最大的是“小曲线半径四跨绝缘关节的调整”，如果完全照图施工调整起来比较困难，有的技术工人反复调了三四天都调不好。他与项目工程师和其他技师反复试验，在设计允许的范围内，从调整绝缘关节的腕臂底座入手，仅用半个小时就可一次调整到位。

像这样的施工“绝活”，何军还有许多。例如支柱整正“一吊准”，使整正时间由原来的12分钟缩减到3分钟，用经纬仪校验施工误差均控制在2厘米以内。又如腕臂安装“一拉起”，是针对接触网腕臂越来越重、不便于人工安装的实际，提出改进安装工法的建议，由原来的整体安装法改为分解安装法，使个子小、力气小的工人也能顺利完成。再如硬点克服“一调准”，使受电弓不管是顺滑逆滑都达到了冷滑试验标准。还有接触网计算“一门清”，熟练操作应用软件，对不同供电方式和设计标准的腕臂、吊弦、软横跨进行准确测量、计算，为实现“四个一次到位”（腕臂安装、软横跨预制安装、承力索导线架设、吊弦安装四个一次到位）提供了准确的参数……凭着经验和摸索，靠着善于思考和练就的一身“绝活”，何军成了能挑起现场施工大梁的“关键先生”、解决施工难题的“能工巧匠”。

施工现场好“管家”

2008年8月，由中铁电气化局集团施工总承包的国家重点建设项目京九铁路电气化改造工程开工。该线工期短、任务重、标准高，外部干扰多、

何军现场施工作业

安全压力大、施工组织极其复杂，是非常难啃的硬骨头。为了干好济南铁路局管段全长 277.5 公里复线的电气化接触网施工安全和管理工作，作为作业队副队长的何军,更感肩上担子的分量。为此,他给自己制定了“三点”工作方针：

“勤快点”：勤能补拙，勤能补漏，为了尽可能掌握现场资料，每个分项工程开工前，何军都要到区间现场勘察，现场情况在他心中都成了活资料，分起工来，哪个职工胜任什么样的活，了然于胸。为了掌握京九线上的新工艺，他更是资料图纸不离手。为了让每一名施工人员都熟悉，他把施工中的重点、难点、容易出现问题的关键点都打印出来，贴在墙上让大家学习。一勤带动全队勤，学习掌握技术的风气蔚然成风，施工中从没有出现因技术问题而造成返工现象。

“抓实点”：京九线上施工人员多，尤其民工、合同工多成为发生安全质量事故的薄弱环节。为了防患于未然，在他的带领下，该作业队在新的工程项目开工之前均要进行安全技术大练兵,从技能上提高安全质量的控制能力，

何军对接触网腕臂零部件安装力矩检测

从制度上严细管理。每天,他在区间盯岗检查,三件“宝”从不离手:安全帽、图纸、笔记本，一有问题，马上记录下来，回来就研究解决，从不过夜，有效消除了工程安全质量隐患，确保了安全线的建设。施工中的关键环节，他更是要求作业人员做到三级交底：作业队技术交底、班组交底、作业人员交底。面对这样一个严谨的管理者，职工们当然不敢掉以轻心。

“管细点”：提起何军的管理办法，该作业队的职工都说“实在”。他不仅管施工生产上的大事，而且还要管好职工的吃喝拉撒这些别人眼中的“小事”。他努力推行队务公开，使每名职工都有一本明白账。开工前，他就从食堂采购入手，制作、出售全过程盯控，全面介入食堂管理，掌握了详尽的第一手资料，根据实际情况，制定出了合理的就餐价格，使职工吃得放心、舒心，也使食堂的管理更加规范。他常说，在施工生产上，我就是负责人，说一就是一，不能含糊；在生活中，我们就是兄弟，哥长弟短都一样。气顺了，心情好了，大家的工作劲头更足了。该作业队几乎每月都超额完成项目部下达的生产任务，何军也因成绩突出被评为全线的“竞赛明星”。

大家公认的“智多星”

何军是个爱琢磨的人，用他的话说就是“施工中的窍门很多，就看你琢磨不琢磨”。近年来，他结合施工实际，发明了“绑扎线板”“防护型钢丝套”等多种接触网施工的专用小工具，大大提高了工作效率和工艺质量。不仅如此，他还先后提出了《网外线双支并挂时等张力紧线法》《利用安列配合快速架设网外线》等 46 项合理化建议。在朔（州）黄（骅港）线施工时，他以“提高接触网支柱测量效率”为题，制成了“支柱测高器”，结束了人工上杆测量的历史，使腕臂底座测量速度大幅提高。在我国第一条准高速电气化铁路广深线施工进入攻坚阶段，他带领放线班职工在广深线大显神威，创出 4 个夜晚放线 21 条、8 天调整 19 个锚段的骄人战绩。在武（威）嘉（峪关）工程后期，条件艰苦的马莲井车站由于线下技改影响，迟迟不能调整到位，成为钳制按期开通的“枷锁”。何军主动请缨，立下军令状，13 天拿下该站的网上调整工作。他带领全班 15 名同志早出晚归，天天都坚持在梯车上，饿了，就干吃一包方便面；困了，就裹着大衣眯一会儿。在他的带领下，全班硬是把软横跨调整了两遍，提前两天完成了调整任务，节约工作日 19 天。正是有了“人无我有，人有我精”的“金刚钻”，他才敢在关键时刻揽下困难重重的“瓷器活”。

2010 年，以何军同志为组长，成立了“QC 小组”；2015 年，成立了“全国劳模何军创新工作室”。他带领创新小组成员，先后在中铁电化局、

何军带领年轻员工一起研究施工方案

中国中铁股份有限公司和北京市发表了《倒牵牛法架设承力索、导线》《网外线双支并挂时等张力紧线法》《利用安列配合快速架设网外线》等技术创新成果 70 多项，其中有 26 项获得全国、铁道部、北京市和集团优秀成果奖，创造价值 1390 余万元。他创造的多项施工工法填补国内空白，节约各项费用约 1630 余万元，解决施工中的技术难题 432 项，为项目的施工生产排忧解难，起到了良好的提质增效作用。

他先后培养出电气化铁路接触网高级工、技师、技术员 43 名；开办的“何军职工业校”通过理论讲解和练兵场实际操作相结合，已培训高铁施工人员上万人次；成立的“全国劳模何军创新工作室”发挥劳模的引领示范和激励作用，推动高技能人才培养及科技成果推广转化，营造尊重劳动、尊重知识、尊重人才、尊重创造的良好氛围，提高了工作效率，促进了施工生产。

何军常说，“只要你用心、尽力，干什么都能有出息”。他是这么说的，更是这么做的。凭着对接触网专业的一颗“匠心”，他兢兢业业、孜孜不倦，在平凡的岗位上干出了不凡的业绩，从一名普通的工人，成长为行业精英、业界楷模。“三百六十行，行行出状元。”何军这个“蓝领”状元，便是对这句话最好的诠释。

（作者：中铁电气化局　吴少彦）

『青春在焊花中闪光
——记“全国劳动模范”，中国中铁特级技师曲岩』

采访对象： 曲岩，男，中共党员，1979 年 8 月出生，河北洨河人，现任中国中铁工业山桥集团有限公司首席技师，钢结构制造工艺研究院焊接试验室高级技师，全国劳模、全国青联第十二届常委会委员、中央企业第四届青年联合会副主席。

在焊花飞溅的车间里，一身橙色工装的曲岩有条不紊地操作着焊枪。弧光的映衬下，每个动作都显得分外镇定自若。在他手里，焊枪一下子变得既轻巧又听话。焊接，对于曲岩来说，已经不再是单纯的工作，而是一门令人赏心悦目的艺术。

曲岩，1979 年 8 月出生于河北洨河，1998 年 6 月毕业于中铁山桥技校，中共党员，现任中铁工业山桥集团有限公司首席技师，钢结构制造工艺研究院焊接试验室电焊工。

曲岩是一名长期扎根一线的普通电焊工，凭着扎实的理论基础和高超的焊接技能，在润扬大桥、苏通大桥、朝天门大桥、港珠澳大桥、德国多瑙河铁路桥等 10 余个国家重点工程和国外高难度技术标准的桥梁焊接工作中出色地完成了焊接任务。21 年的电焊生涯让他收获了不凡的荣誉：全国劳动模范、中央企业杰出青年岗位能手、河北省技术能手、河北青年五四奖章、河北工匠、第二届“中国中铁十大专家型技术工人”，2015 年当选全国青联第十二届常委会委员，2016 年当选第四届中央企业青年联合会副主席。

曲岩荣获“全国劳动模范”荣誉称号

虽然有着青年人少有的荣耀光环，但在他身上却找不到一丝骄傲和浮躁。他常说，这些荣誉对我来说实在是太高了，我感到更多的是一份责任和压力。我要尽最大的努力做好本职工作，并带好周围的工友，为企业多作贡献。朴实的话语既是他扎根一线的初心写照，也是他担当起一名青年技术工人时代责任的郑重宣言。

初生牛犊“三级跳” 而立之年成全国劳模

曲岩从中铁山桥技校电焊专业毕业后进入中铁山桥，成为一名普通焊工。当时带他的班长就是劳模，工作态度认真负责，每天都加班到很晚，没有丝毫怨言。“师傅的劳模精神对我的人生观、价值观都有很大触动，一直影响到今天。”曲岩感激地说。

他被分配到钢结构一公司综合二班任电焊工。刚刚参加工作的他，凭着一股肯吃苦、能吃苦的韧劲，刻苦钻研，努力提高焊接技术。他虚心请教老师傅，找来废料做试件，反复练习，有时宁肯中午不回去休息，也要攻下技术难点。功夫不负有心人，他在很短的时间内便掌握了板材接料的各种焊接技术，很快成了班组生产骨干。1999 年底，因为在工作中扎实肯干、技术过硬，公司破格让他参加电焊高级工的培训，并一次通过考试晋升为电焊高级工。

2000 年，公司承担了沈阳快速干道钢混结合梁制造任务。当时工期十分紧张，工地急等架设，主梁外侧主焊缝是施工的关键和难点。他主动请缨，带领 4 名焊工接下任务。根据焊接材料、大梁焊接技术的要求，他决定采用半自动焊接。每天在完成日计划后，他主动连夜班，50 多公斤的焊接小车平均每天要搬上搬下几十次。在生产最紧张之时，他连续 9 天每天工作 16 个小时。最终，15 个大梁按时发往工地，为公司赢得了信誉。

2002 年，公司承接了国家重点工程润扬长江大桥制造任务，工程质量关系到中铁山桥能否在国内公路钢桥市场站稳脚跟。当时，焊接时总有细小裂纹出现，大家开动脑筋提出了很多方案，但效果都不理想。经过多方面尝试比较，他提出：采用小电流先将拐角处分道焊接，减小焊接收缩应力，

曲岩现场切割焊接试件

然后整体焊接盖面。“最终这个方法解决了问题，我们团队还创下了每班焊接 23 根闭口肋的最高日产纪录，探伤一次合格率在 98% 以上。”至今说起来，他仍显得很兴奋。

2003 年 3 月，公司选派他参加中国铁路工程总公司第四届青年焊工技能大赛。在强手如林的现场，他不急不躁，凭着超强的技术水平和良好的心理素质，力克群雄夺得冠军，获得“青年岗位能手标兵”称号，并被破格晋升为电焊技师。随后，他代表中国铁路工程总公司参加了全国工程建设系统第六届焊工技术大赛，获得中央企业组第 14 名。2005 年，他参加“全国中央企业焊工技术决赛”获得铜奖，被授予“中央企业技术能手”称号，同年被中国铁路工程总公司授予“青年岗位能手标兵”称号。2006 年，参加秦皇岛市职工技能大赛焊工比赛获得第一名，被授予“秦皇岛市技能大奖”，并被评为“秦皇岛市劳动模范”。2006 年 10 月，因工作业绩突出、技术全面，他被集团公司破格申报高级技师，经中国铁路工程总公司评审后晋升为电焊高级技师。

由一名普通电焊工人，七年时间里一步步晋升为高级技工、技师、高级技师，这个闪亮的“三级跳”，让全厂工友刮目相看。“三级跳”之后，曲岩的技艺成名之路越走越宽。

2007 年，获得河北省高技能人才焊工技术比赛第二名，被授予“河北省技术能手”称号。

2008 年，先后被评为秦皇岛市首届“金牌工人”、第一届“河北省百名能工巧匠”。

2009 年，被评为河北省劳动模范，获得河北省五四青年奖章。

光荣属于实干者。2010 年，31 岁的曲岩当选“全国劳动模范”。

技术达人“迷创新” 重点工程挑技术大梁

曲岩对焊接技术的追求简单而又极致，“别看我们的工作只是把焊接物粘合在一起，要焊得牢焊得平，这里的学问大着呢。可能终极一生，我也不敢说能够走到焊接的巅峰。”

在近 4000 人的公司里，焊接方面碰到难题找谁？有重大的焊接任务让谁带队？每每遇到这些问题，大家都会异口同声地给出答案：曲岩。事实证明，他不负众望。

港珠澳大桥是世界最长的跨海大桥，在港珠澳大桥厂内板单元生产制造过程中，中铁山桥成功采用机器人自动化焊接技术，提高了焊接质量和效率，处于国内领先水平。但在钢箱梁节段拼装时，由于受现场条件的限制，无法采用大型焊接机器人，而传统手工工艺又存在劳动强度大、作业环境差、成功率低等弊端。

针对以上问题，他将世界上著名海峡大桥的相关焊接工艺研究了个遍，但是困惑仍存：“每个项目都有各自的特点，生搬硬套也许可以满足眼前的要求，但却很难收到最好的效果。”为此，他带领同事夜以继日展开技术攻关，寻找最好的解决办法。最终决定，尝试应用迷你焊接机器人系统。之后，进行了大量的平位、立位、横位焊缝的焊接试验，优选焊接工艺参数，使得焊接质量稳定、焊缝外观成形美观、内部质量一次探伤合格率达

100%。这一焊接新工艺被专家称为国内领先，填补了我国钢桥制造领域的空白。

2013 年，中铁山桥中标美国韦拉扎诺海峡大桥 1.5 万吨桥面板更换钢结构制造工程，为公司承接的首个美国公路桥，要求技术完全按照美方标准，最大的制造难点就是 U 形肋角焊缝的平位单道焊接，国内无任何经验借鉴。他带领团队临危受命，通过一年时间的大量研究试验，试验材料就用了 82 吨，磨制断面近 2000 个，最终成功解决了 U 形肋角焊缝熔深不足、焊漏、裂纹、咬边、熔深稳定性差等一系列技术难题。

底气来自于实力。2012 年，中铁山桥在承建鄂尔多斯大桥过程中，由于原有的设计不完善，造成焊接操作空间受限，质量无法保障，工期面临延误。他通过一段时间的观察，果断与委托方进行技术协商，大胆改变坡口形式，全部改为外部施焊，既保证了技术要求，又减轻了工人劳动强度。

曲岩现场操作

2011年，嘉绍桥锚箱焊接任务分配到曲岩班组，他带领大家加班加点，提前一个月完工。尤其在锚箱焊接过程中，通过大胆调整焊接顺序，减小了变形，提高了焊接质量。

在进行武汉天兴洲大桥和南京大胜关桥的钢结构箱型节点部位熔透焊缝时，他遇到了施焊后变形无法修正的难题。经过多次试验，他拿出了自己的解决方案：先做反变形，然后在内部采用支撑的办法来控制焊接变形，一举攻克了难题。

在闭口肋对接焊缝焊接时，采用先焊立拐角位置焊缝的方法，解决了容易出现裂纹的情况；在焊接箱型封嘴中，仰角爬坡位置焊缝采用断弧焊，解决了焊缝成型差以及焊接速度问题……这些曲岩领衔的技术革新，都实现了整个行业的技术创新和突破，走在全国前列。

“这个焊接变形控制法，可以更好地减小焊接修正难度”“这样改变一下组装焊接顺序，可以减小变形”……在曲岩常用的笔记本上，对每一个焊接步骤都做了精细记录，有时甚至到了走火入魔的地步。

伴随着一次次技术革新，一次次啃下“硬骨头”，曲岩的焊接技术愈发成熟。如今，他已经成为全国响当当的大型桥梁工程高难度焊接技术领域的“技术大拿”。

胸襟宽阔“传帮带” 创新之花遍车间班组

曲岩在不断提高自身技术水平的同时，更倾力于“传帮带”。“我觉得，我现在传、帮、带的作用发挥得还应更多一些。不光要自己干好，还要带好身边的人。”他说。

在他的带领下，车间开展了经常性的互帮互教、技术协作、技艺交流等实践活动，同时对一线员工的培训更是常抓不懈。车间每月定期组织技术讲课，授课内容根据生产情况而定，随时调整；根据生产情况，适时组织员工技能培训和技术比武；由于员工技能水平参差不齐，车间先组织技术带头人带班组骨干，再由班组骨干带一般员工，通过这个方法使全体职工迅速掌握新的焊接技能。

他还利用工余时间，组织员工重点学习国内外先进的焊接方法，目前已有超过 80% 的焊接员工掌握了二氧化碳熔透焊等先进技术。在公司劳务工技术比武中，曲岩所在的钢梁车间劳务工获得第一、三、四名的好成绩。

2008 年 9 月，年仅 29 岁的他当上了电焊四班的班长，接手德国多瑙河铁路桥的建造任务，这是中国人为德国建造的第一座桥梁。而当时，曲岩手下只有十几个技校生，平均进厂不到两年。

曲岩与工友研究操作方案

这座德国桥是全焊接铁路桥，制造难度高，在国内无先例。由于组员大多是毕业不久的技校生，对于许多焊接技术还不够熟悉，这使得在开始的生产中焊缝外观和质量都达不到技术要求，多半要靠打磨和修补来弥补。对此，他每天白天在安排组员生产后，专门针对技校生进行焊接方法的指导。焊枪的角度如何调整，焊丝如何摆动，他都逐人手把手地教。晚上别人下班了，他还要留下指导夜班工人，直到深夜。很快，焊缝质量和外观成型都有了明显提高，使得原来需要打磨修补三天才能报验完毕压缩到了一天，大大缩短了制造周期。最后，这座桥在德国建设顺利，无任何投诉、返工，得到德方的一致赞扬。

2012 年，为了解决技术改进、施工工艺、安全生产等方面的难题，充分发挥劳模示范引领作用，中铁山桥决定成立一批创新工作室，曲岩创新工作室便是其中的重点。

“当得知要以我的名字命名时，心里很忐忑，深感带好团队进行创新责任重大。这是一份沉甸甸的责任，更是公司对我莫大的信任。”曲岩说。面对新的使命，当时年仅 33 岁的他没有退缩，勇挑重担，全身心投入到工作室筹建之中。

2012 年 4 月，坐落于公司焊接试验中心的曲岩创新工作室正式投入使用，成员 10 人，曲岩为负责人，其他 9 人全部为公司的技术和生产骨干。从此，他在带领大家技术创新的道路上更加一发而不可收。

曲岩创新工作室先后参与并解决了一批生产上的难点问题：设计研究桥纵梁焊接工装，减少焊缝缺陷，提高焊缝质量和生产效率；改造二氧化碳气体保护焊接设备，改善焊缝成型质量和提高焊缝焊接效率；攻克 U 形肋角焊缝焊接难关……同时，先后培养出 30 多名焊接技师、高级技师。2016 年，工作室对参加沪通大桥焊工技术比赛的 5 名选手培训，最终取得个人第一、四、五、七名，团体第二的好成绩。2017 年，对参加国际焊工比赛的集团公司、股份公司选手培训，最终取得个人二、三等奖，团体银奖的好成绩。

“事业不分大小，无论是什么样的平凡岗位，只要全心付出就能够成就自己的一份事业。”“年轻人就应该有年轻人的担当，不能辜负这个有为的时代。”曲岩的话很朴实，却激荡人心。在他的带领下，充满朝气和拼搏精神的曲岩团队，踏上了更加耀眼的创新之路。

（作者：中铁工业　李宏伟、钱帮蕾、潘庆祝）

『平凡岗位写春秋

——记“全国劳动模范”，中国中铁特级技师张明』

采访对象： 张明，男，中共党员，1966年3月出生，重庆市人，现任中铁建工集团有限公司西北分公司兰州安装项目部高级技师，首都最美劳动者、北京市劳动模范、全国劳动模范获得者。

张明，男，中铁建工集团西北分公司兰州安装项目部高级技师，1966年3月出生。由于家境困难，1987年12月，初中毕业的他接替年迈的父亲，成为铁道部建厂局三处三队的一名管道工。历经30多年，他从仅有初中文化的电焊学徒工变成拥有7项国家发明专利、数百项小发明的中国中铁十大专家型工人、高级技师；2014年4月，被授予中国中铁股份有限公司“第三届中国中铁十大专家型工人”称号，并获得高级技师（电焊工）资格；2015年4月，获得“全国劳模”称号；2015年5月，获得北京市“劳动模范”称号；2016年12月，获得首届中国中铁“道德模范”称号；2017年2月，获得“首都最美劳动者”称号。

在工程一线工作30多年来，他先后参建的贵阳火车站、贵州电视大楼、昆明火车站、拉萨火车站均荣获鲁班奖，参建的那曲物流中心工程荣获詹天佑奖。张明，中铁建工集团一名平凡普通的建筑工人，用勤奋、钻研、专注的匠心精神诠释了最美劳动者的深刻内涵。

传承——接过父辈旗帜

初来乍到，当第一次面对如“天书”般的工程图纸时，仅有初中文凭的张明傻眼了。想到接替父亲工作时，给老父亲立下的“成为有本事的人，不给父亲丢脸”的军令状，他暗下决心，抓紧一切机会弥补自己在知识和经验上的不足。稍有空闲时间，他就围着师傅问这问那。在工地上，他苦活脏活抢着干，就是为了能让师傅多教一点技术要领。晚上回到宿舍，工人们有的在休息、有的在聊天、有的在下棋……他却爬在床上，在本子上写写画画，把工作中碰到的问题记录下来，潜心琢磨。工友们对他说：“这是技术员干的活，咱们这里大学生那么多，你一个工人瞎折腾啥？”他憨笑着说：“各位师傅啊，我水平低，要是再不努力，就吃不上饭了。”

在一年学徒工的时间里，他在学中干、在干中学，悄悄蓄积的力量在1988年冬天终于厚积薄发。那是一个紧急的任务，他所在的工班接到通知，设计院动力管沟里的镀锌给水管被冻结，班长紧急召开会议商量解决方案。就在大家各执己见、争执不决时，年轻的他大胆提出了利用电焊机的地线和焊把线分段捆绑在管道上加热的方案。经8小时持续加热，冻结成实心的180米*DN*100镀锌给水管道全部解冻，保证了设计院浴池正常的供水工作，让大家对他刮目相看。小试牛刀，虽是一次小小的成功，却坚定了他立足施工一线开展技革创新的信心，为今后的成长镌刻下了有力的一笔。

成长——七项发明的诞生

岁月总会特别地眷顾那些坚定者、奋进者和搏击者。在十年如一日的学习实践中，张明白天埋头苦干、夜晚抓紧学习，在时间的洗礼和岁月的淬炼下，如一颗埋藏在砂砾中的金子，在平凡的岗位上熠熠生辉。

2005年，他辗转来到了中铁建工西南分公司贵阳市盛世花城项目部。贵阳大多数地区都属于喀斯特地质，采用爆破及人工挖孔桩的方式进行基础开挖工作，每栋建筑的基础都会出现几根难挖的桩基，石头爆破后，下面又是流沙又是淤泥，有的孔桩深度达到40米还没完成，整个工程进度严重滞后。面对这个艰巨的任务，他琢磨开了，既然实践证明传统的方法不行，为什么不试试新的办法？说干就干，他晚上埋头在办公桌前写方案，白天到工地实践。就这样，人生的第一项国家发明专利“自装式淤泥吊装桶”诞生了。该专利巧妙地通过淤泥对吊装桶产生的压力而实现自动装淤。经运用，工作效率比人工清淤快出76倍，更重要的是杜绝了清淤工作中常常发生的伤亡事故。“作为一名技术工人，不仅要肯干，还要懂得巧干。”在表彰会上，他对大家说。

面对问题爱钻研、面对困难不服输的心性，造就了他专家型工人的成长。有了第一项发明的激励，他再接再厉，面对剪力墙结构施工过程中墙体钢筋受到挤压、混凝土振捣发生偏移而影响工程质量的问题，他又制作了简单、快捷、成本低廉的钢筋间距定位卡，工人只需根据要求把预先制作好的钢筋间距定位卡卡在水平钢筋上面即可，无须进行任何焊接和绑扎，就能有效地防止墙体钢筋因挤压、振捣而发生偏移的现象。

张明在施工现场

之后，这第二项发明“钢筋间距定位卡”也成功申报了国家专利。

第三项国家专利成果“钢筋保护板”也诞生在施工一线。混凝土浇筑时，当张明发现操作工人来回施工走动，将楼板钢筋踩坏，后期怎么修复也达不到原样的问题后，他苦思冥想，设计了一款结构简单、坚固耐用、移动轻便、成本低廉的“钢筋保护板”，操作工人在钢筋保护板上工作，有效地防止了楼板钢筋因踩踏变形而遭受破坏。立足工地改革创新，来源于实践，应用于实践，他成为工地上大家公认的“金刚钻”。

俗话说，没有金刚钻，揽不了瓷器活。施工一线的他善于发现问题、解决问题，总把最难以解决的问题揽在手中，想办法钻研解决。在施工一线锻炼中，他曾爬上几十米高的桥架，也曾俯身蹲在地上焊接货架，他的第四项国家专利“多功能工地货架”、第五项国家专利“金属屋面固定卡”就是在日继一日的琢磨中诞生的。特别是第五项发明专利，成功解决了列车高速通过站场时屋面板受到风力等较大荷载影响极易发生脱落的难题。随后，他在发明“金属屋面固定卡”的基础上，又发明了第六项国家专利“平台固定卡”和第七项国家专利“施工工地预埋套管”。这些发明成果经济实用，在建筑行业得到了广泛推广。

绽放——让生命更美丽

张明先后参加了青藏铁路拉萨站、那曲物流中心等高原工程建设，在高原一待就是9年。

2011年3月下旬，内地已进入春暖花开的季节，可西部地区的青海省西宁市仍处于寒冬季节，青藏公司指挥长的要求，必须在4月6日举行开工典礼之前完成主站房的拆迁任务。在主站房拆迁过程中，遇到了技术难题——钟楼部分，塔高18米，塔体9米×9米，总重量约380吨，且出现30度倾斜，用机械设备也无法将其拆下来；同时因为塔身摇摇欲坠，站房周围无法近身施工，对人身安全造成威胁，存在机械设备损坏的重大隐患，阻碍了拆迁工作的进度。这时，上塔的楼梯已经被拆除的废渣堵实，他冒严寒，迎寒风，顺着零乱的钢筋往上爬到站房钟楼底部，在倾斜的塔身处查看现场情况，最终研究制定出破解方案——先采用两个200吨千斤顶，顶在倾斜的钟楼底部，同时在站台的反方向，广场地面挖深3米埋入地锚，将4个25吨的倒链挂在地锚上，再将4根ϕ30的钢丝绳套住塔身上部，采取后顶前拉的方法。方案经西宁站项目领导通过后，抽出几名精干人员，成立临时拆迁团队，由他亲自带队，攀爬到站房上面指挥作业，于3月25日21点58分，只听“轰”的一声巨响，安全顺利地将塔楼整体拉倒在站房的地面上，为拆迁工作赢得了时间，确保了4月6日开工仪式顺利进行。

2013年4月26日，是公司例行年度体检出报告的日子，医院打电话来告诉他，体检报告显示他大脑缺血，建议去做进一步检查。初听到消息，他并不以为然，以为是长期在高原生活所致，就拖了一周有余。直到5月4日，他忙里偷闲，抽时间去离工地仅一河之隔的青海省人民医院进行复查。然而，检查结果却如晴天霹雳，原发性肝癌的诊断结果让他瞬间大脑一片空白。47岁的他还从来没有想过生与死的问题，也不知道该如何去面对他那肺癌晚期卧病在床的老父亲，如何去面对他的妻子儿女。一直以来，在工作中纵使有再大的困难他也没有低过头，却在拿到诊断书的一刻，陷入了极度的绝望。但在那一刻迷茫后，他抹干泪水。“有病就治，人生说长不长，说短不短，要用有限的生命做有意义的事情。”他心想。就这样，他悄悄藏起化验单和检查报告回到工地。

张明现场指导年轻员工

刚回到工地，他就接到项目领导打来电话：“你来 10 米大厅有事。”到大厅后，项目领导带领 20 多人正在挂一张 9 米 ×27 米的大型广告布，广告布要悬挂在钢管架上方，因风大怎么也挂不上去。项目领导说：“5 月 7 号铁路文工团就要来西宁站慰问演出了，你有什么办法把广告牌挂上去吗？”他回答说：“这事交给我，明天一定完成任务。”刚得知自己患肝癌的他犹如变了一个人似的，马上振作起来，没有让任何人看出他有心事。他组织 4 台电焊机及十多个人员从下午 5 点加班到凌晨 3 点，完成大型广告布后面的龙骨背架，于 5 日上午将长 27 米、宽 9 米的大型广告牌挂起，确保了中国铁路文工团慰问演出如期举行。

年底，在北京出差期间，张明顺道去北京 301 医院进行病情的复查，在还差 5 人就轮到他的时候，接到现场领导打来的电话，告知他西宁站地下通道的 18 根降水管被冻住了，地下水无法排出，眼看通道就要被上涨的地下水淹了。就这样，他又一次放弃复查，以最快速度返回西宁站现场，当晚就组织人员采用他刚参加工作时发明的电焊机解冻技术，经过两天两夜的努力，地下通道的 18 根降水管全部解冻，通水顺畅，为来年 12 月 30 日顺利通车奠定了基础。

他先后经历了六次手术，现在每天背着一壶中药，按时服用，谁也没见过他愁苦颓废的样子，他依然全身心扑在工程上，见谁都乐呵呵的。“人的一生总会遇到各种各样的困难和挫折，如果我们不能正确面对，就等于向挫折屈服，提早关上生命之门。相反，如果我们以积极的心态和勇敢的态度去面对它，战胜它，就一定能看到生命最美丽的风景，让生命焕发出绚丽的光彩。”在接受记者采访时，他这样诉说患病的经历和感受。

平凡岗位书写不平凡业绩，因突出的工作业绩和顽强拼搏的坚强斗志，他获得了“全国劳动模范”“北京市劳动模范”“首都最美劳动者”“第三届中国中铁十大专家型工人”“首届中国中铁道德模范”等荣誉表彰。

张明，是中国中铁技能人才的代表，也是新时代中国铁路建设的追梦者。三十年如一日奋战在施工生产一线，他从一个普通的管道工成长为高技能人才、全国劳动模范，所有的成功都源于他对工作的热爱。“生命不息，奋斗不止”是他常挂在嘴边的一句话，他看淡自己的成绩，坦言未来的路还很长，他愿意把有限的生命投入到无限的铁路建设中去，为企业美好的明天尽心尽力！

（作者：中铁建工　胡佳睿）

『做新时代的开路先锋
——记“全国劳动模范”，高级技师李建学』

采访对象：李建学，男，中共党员，1988 年 2 月出生，河南省鹿邑县人。现任中铁六局集团丰桥桥梁有限公司第四项目部高级技师，曾获得“全国劳动模范”“全国五一劳动奖章”等荣誉称号，是北京市劳模创新工作室带头人。

作为一名铺架机械操作工，他操作着架桥机为中国的铁路事业铺筑条条长龙，架通了人民群众通向美好生活的幸福之路。

作为一名中铁精神传承者，他用劳模精神激励着众人，培养着一批批技术骨干，走出了专业化人才感恩报企的建功之路。

作为一名光荣的共产党员，他用理想与初心把自己浇铸成为使命担当的模范，行进于筑梦美丽中国的康庄大道。

他就是全国劳模、全国五一劳动奖章获得者李建学。一项项荣誉、一个个光环，让他成为企业的楷模、行业的标兵，但他奋进的脚步始终没有停止，而是一如既往地在岗位上深耕细作、恪尽职守，用脚踏实地、奋勇拼搏的精神续写着新时代开路先锋的赞歌。

勤学笃行，他是奋发拼搏的“模范生”

2008 年，20 岁的李建学到中铁六局参加工作，初出茅庐的他，来到施工一线第一次看到长 54 米、高 6 米的架桥机和承载 900 吨重量的运梁车时惊呆了。在他眼里，师傅手里的图纸，就是天书；堆积如山的材料，如同登天。他暗自下定决心：文凭可以低，但文化不能低；起点可以低，但要求不能低。得益于企业成熟的导师带徒机制，刚进入企业，他就与中铁六局金牌员工王振全签订了师徒协议，这让求知若渴的李建学找到了提升自己的方向。师傅教得认真，他学得仔细，在工作服口袋里，一直装着一个笔记本，遇到不懂的地方，他就随问随记，下班后再对照书籍研究问题，身上的工作服磨破了一身又一身，但是装笔记本的位置从未变过。功夫不负有心人，他仅用了 3 个月就掌握了平常人要花 1 到 2 年时间才能掌握的架桥机维修、组装和拆解技术，不到 1 年的功夫他俨然成为工友眼中的“老手”。这么多年来，他的笔记积累了 30 多本，超过 60 万字的心得体会让他成为公司里名副其实的“学霸”！

随着现场经验不断丰富，他渐渐感受到了成长的“瓶颈”，发现仅通过现场操作与日常记录学到的知识太过零散，很难做到举一反三。他意识到，要形成对技术的完整认知，光靠现场的积累远远不够，还需要理论支撑。

为此，他主动找来了《DJ180型架桥机使用说明书》，学习架桥机组电路图、构造图，并时常与架桥机厂家联系，就存在的问题和假设的情况求教和论证。随着掌握的桥机知识越来越多，他也越发不满足于仅仅专注于架桥机操作技术的研究，开始向铺架机械的管用养修全方位作业领域进行攻关。通过对《铺架机械操作工》《铁路架桥机架梁技术规程》Q/CR 9213-2017《架桥机安全操作规程》TB/T 2661-1995《铁路桥涵工程施工质量验收标准》TB 10415-2003等的系统学习，他逐渐跳出现场操作人员的知识范围，向技术指导生产靠拢。经过几年的不懈努力，他迅速成长为一个将技术与操作，理论与实践有机结合的高技能人才。渐渐地，只要设备出现问题，大家第一个想到的就是他，他成了同事们的施工"百宝箱"。

他常说，做事情，要么不做，要做就要做出样子、做出成绩，既然选择了修铁路，那就要不畏艰难险阻，做最好的铁路建设者。

李建学检修架桥机电缆及安全索

英勇无畏，他是敢为人先的"排头兵"

铺架施工就是逢山开路、遇水架桥，所到之处，大多鲜有人迹，条件异常艰苦。但在李建学的字典里，从没有"怕苦"二字。在他看来，只有在烈火锤炼中成长起来才能从容应对一切险阻和考验，才能够在急难险重的关键时刻顶得上，打得赢。在工地上，他永远是冲锋在前的排头兵，在最艰苦的环境中，在最棘手的问题前，总能看到他的身影。

2008 年 12 月的内蒙古，天寒地冻，面包、火腿肠冻得比石头还要硬。在大包线施工过程中，为了抢工期，项目部要尽快转场架梁设备，他主动请缨，承担最危险的拆解任务。实施过程中，戴手套扳手拿不稳、螺丝拿不住，他索性就摘掉手套作业，就这样苦干 30 多个小时，终于提前完成了任务。由于长时间在极低温度下裸手作业，他的手被严重冻伤，多处溃烂流血，经医院鉴定为 3 级冻疮，双腿也因此时常抽筋肿胀。但是，他丝毫没有怨言，他说，工程如期完成，就是再辛苦也是值得的。

2009 年 11 月，在架设跨北同蒲特大桥第 6 跨过孔时，桥面作业的瞬时风力由 2 级渐渐接近 4 级，已达到规范允许作业的临界点。就在这时，架桥机 0 号柱突然停止工作，随时都会有危险发生。在这危急万分的时刻，他依然第一个冲上前，当机立断，判断出由于气温骤降造成 3 号柱油泵液压油滤清器阻塞的问题，并迅速解决问题，避免了一起因风力骤增而造成架桥机停止作业的事故。

在项目员工中，他有一个外号——“拼命三郎”，因为在工作中他总是勇于迎难而上、敢于面对挑战。工作越是困难，就越能激发他身上那股拼劲儿。正所谓“艺高人胆大”，在危急时刻敢于冲锋在前得益于他平时对架桥机械深入到每一颗螺栓的了解，也归功于他身经百战积累的丰富经验。在他的感召下，项目团队的其他员工也都不遗余力地奋战在工地一线上，他所在的项目部成为公司出了名的“攻坚部队”

善思善谋，他是锐意创新的“先行者”

日常工作中，李建学一直保持着勤于思考、积极创新的工作作风。凭借对架桥机原理、结构性能及配件参数等关键技术的熟悉程度，他积极建言献策，努力改进施工工法，力求最大化提升工作效率。在广昆扩能改造工程架梁作业过程中，架设完响水河双线特大桥后，隧道口距第一个高达 90 米的桥墩仅仅 10.8 米，远远小于架桥机机臂长度，更要命的是路基长度太短又满足不了原 DJ180 型架桥机架梁的设计要求。按照以往的经验，架桥机需要拆解至工程另一端进行反方向架梁，这样不但增加了运梁成本，而且耽误架梁工期。他沉下心来、苦心钻研，谋划缩短时间的办法。经过几个通宵达旦的苦苦思索和试验，他想出了用前行车起吊走行机构代替老方式的办法，竟然立竿见影，过孔时间整整缩短了 2 个小时！在架桥机通过隧道时，利用此方案施工，避免了额外租赁吊车协助架梁，节约设备租赁费 12 万元。

李建学现场操作

在新建津保铁路施工期间，他带班负责 1 号桥机现场架梁，其中有一跨桥单跨坡度达 34.16‰，坡度之大、架桥机架设的难度、存在的安全风险，都是他参加工作以来从未遇到过的。在架设此跨桥前，经过与技术人员提早沟通，反复计算每跨桥前后桥墩上梁垫梁石的高差，他提出通过增加架桥机柱体加长节调整各柱体的高度，来保证架桥机机臂水平、提高架梁时的安全系数；通过完善 DJ180 型架桥机附属 2 号运梁台车防溜措施，满足大坡度运梁要求。有了这项方案，无需对架桥机的任何部件进行改造，就可以安全顺利地完成大坡度铁路 T 梁的架设工作。目前，此项技术已形成研究成果，并成功应用于广昆铁路、邯黄铁路等项目，实施效果良好，收获了显著的社会经济效益。

一次又一次，他勇敢打破常规，让“死”的工序活了起来，而且变得更加精细。他发明了“电机定时反转法”和“间断开启升温法”，成功破解了液压油在低温环境中堵塞溢流阀的难题。他还提出了“无轨组装架桥机法”，在古大线、石家庄货迁、北同蒲增建四线等重点工程中均取得了成功。

饮水思源，他是模范表率的“领路人”

李建学不仅在工作上兢兢业业，更是用一颗朴素、真诚、感恩的心铺就了一条感恩企业、回馈社会的初心之路。他回忆说：“记得在项目部实习的时候，我学习到很多在学校中不曾感受的东西，师傅们每一次的注目、一声声温暖的关怀，都给我很大的鼓励。从那时起，我就觉得企业好像一个大家庭，企业里的每个职工就如我的家长、长辈和兄弟姐妹。”

李建学与工友研究施工方案

在他被评为中国中铁“十大新型农民工”后，中铁六局划拨专项经费成立了“李建学创新工作室”。在他的组织带领下，创新工作室广泛开展技术攻关、技术革新、发明创造、合理化建议等活动，先后取得成果创新 20 项、成果转化 16 项、国家实用新型专利 2 项，荣获省部级工法 2 项、局级工法 5 项、局级科技进步奖 2 项。2018 年 4 月，在丰桥公司承建的阳安直通线 2 标院寺沟旬河特大桥 12 号 ~14 号墩架桥作业过程中，既有线梁底距桥墩垫梁石为 10.21m，远远低于架桥机 12.141m 的正常架梁高度，不能满足过孔、架梁条件；若不能采用架桥机架设，就只能采用现浇法施工，这样就必须对已制作的桥墩进行报废，不仅会严重制约工期，更面临着近千万元的成本增加。关键时刻，他带领创新工作室的能工巧匠签下军令状，在施工现场经过精确测算与反复论证，采用架桥机喂梁后临时加固梁片，在桥机降至最低位后进行横移架梁的方法在要点时间内顺利完成架设，同时也创造了 DJ180 架桥机国内最低位极限架梁记录。创新工作室整理形成的相关工法材料为国内同类型架桥机械低位作业提供了重要参考。在组织创新工作室工作时，他常说："创新成果得到实际的推广和应用，以及大家和组织的支持和认可是我前进的最重要动力。"

他常说："我一个人的力量有限，在推动企业技术水准的提升这条道路上需要众人拾柴才能火焰高。"作为长期在项目一线工作的工程技术带头人，李建学把自己成长成才的经验传授给更多青年技术工人，让更多的后辈们在工作岗位上绽放光芒。为此，他把更多的精力投入到项目技能人才队伍的培养中，不仅在实际工作中手把手地教刚毕业的青年工人基本的施工技术，还亲自授课，把自己在项目一线的施工技术和管理经验毫无保留地传授给年轻的技术人员。此外，他还用自己的工资资助了项目部 6 名家庭困难的技校生。如今，这 6 名技校生中已有 2 人担任了作业队长，成长为现场的骨干技能人才。

工作十余年来，几十万字的笔记和几十种创新成为了李建学的两手法宝，这双粗糙有力的大手富有特殊魅力，着实迷人！它俨然已成为李建学的一张名片，不仅标示着自己，更是见证了他为企业艰辛打拼十几年的完整轨迹。

"雄关漫道真如铁，而今迈步从头越。"面对昨日的成绩，李建学选择了淡然面对，他说：我只是做了自己分内的事，却给了我这么大的荣誉，受之有愧！我深深感谢组织和大家对我的厚爱和支持！

不忘初心，继续前进。如今，他将奖章和证书压在箱底、将理想和责任挂在心头，继续在施工生产最前线履职尽责，践行新时代开路先锋的铮铮誓言，为中国的铁路建设事业默默地奉献着青春的人生，他的奋斗经历正激励着企业基层广大技能人才不断比学赶帮、努力成长。

（作者：中铁六局　刘云哲）

『用心点亮通信之光

——记“全国交通技术能手”，中国中铁特级技师王平』

采访对象：王平，男，中共党员，1976 年 6 月出生，甘肃静宁县人，现任中铁五局电务城通公司湘桂 G 网改建项目部高级技师，全国交通技术能手，享受贵州省政府特殊津贴。

精通工作岗位的所有技能，是通信工作的“多面手”；专攻疑难杂症，是工友眼里的“难题克星”；胆大心细、严谨务实，清瘦黝黑的脸颊下藏着西北汉子的朴素、踏实，他就是王平。1976年出生于西北甘肃静宁的他，现为中铁五局电务城通公司湘桂G网改建项目部高级技师，是项目劳模创新工作室的负责人，享受贵州省政府特殊津贴。

参加工作以来，先后从事了铁路、公路、城市轨道交通通信光电缆、信息、机电安装和电力远动控制系统安装工程等多个专业工种，参加了北京地铁十号线通信项目、广深铁路布吉辅助客运站站房建设工程、柳南客运专线和新建南宁至黎塘铁路引入南宁枢纽“四电”系统集成及相关工程、新建铁路云桂线引入南宁枢纽“四电”系统集成及相关工程、湘桂铁路衡阳至南宁段扩能改造工程、柳州至南宁段南宁动车应用所一类变更工程等项目的现场技术工作。先后荣获“全国交通技术能手”“中国中铁劳动模范”“中铁五局金牌职工”“中铁五局劳动模范”“中铁五局优秀共产党员”；他编写的《一种高铁大型站房高空悬索吊篮作业平台》和《一种铁路通信铁塔检测装置》已成功申请实用新型专利。

平凡的岗位上书写着不平凡的人生，凭着肯学肯干、认真钻研、开拓进取的工作作风，他从一名只有中技文化程度的普通工人，成长为公司通信专业的绝对专家。二十余载的青春岁月，成就了最好的自己，他用坚守与敬业为通信事业添上了一抹亮丽的风采。

忠于“初心”

1993年的深秋，宝中线的铁轨铺到了王平家门口，那时候的他，每天放学回家后，最幸福的事就是坐在门前石板上，看着铁路工人扛着笨重纤长的线缆穿梭于日落之间。那些坚实的身影和朴实的笑容，给他留下了深刻的印象，内心充满了敬意和好奇。“那些线缆是什么，铁路上用那么多线缆干什么呢”，他总是不停地问自己，并暗下决心要把心中的疑问搞个明白。也许在那一刻，他心里便已经埋下了投身铁路建设的火种。

王平现场安装传输设备板件

1994 年，在一个机缘巧合下，父亲一句“投身于国家铁路建设的男人，才是真的汉子”，对他产生了重大影响。不经意的一句话，迅速点燃了他跃跃欲试的“铁路梦”。在跟家人充分商量后，十八岁的他毅然决然地放弃了上高中，带着美好向往，转读了西安铁路电务技工学校，并选择了铁路通信专业。他的决定得到了父亲的大力支持，在临别上学的前一天，父亲花光了家中仅有的积蓄，为他准备了一套新衣服和一双新皮鞋，希望他能够坚守初心，在铁路事业中实现自己的梦想。

校园时光总是美好而短暂的，三年的技校生活丰富了他的专业知识，也增进了他对铁路通信这一专业的深入了解。那时候的他全身上下散发着澎湃的激情，年轻人的青春活力在他身上展现得淋漓尽致，埋藏在心底的那颗铁路通信的星火种子，也在不断长大，并燃烧得越来越猛烈。

1997 年，香港回归到祖国母亲的怀抱，铁路通信领域悄然迎来了“模拟信号向数字信号转变”的技术革命。这时候，他也顺利完成学业，加入中国铁路建设的大家庭，来到中铁五局南昆线铁路项目，成为了一名铁路通信技术工人。他默默告诉自己，只有坚持走自学成才、岗位成才之路，才能在新技术的浪潮中站稳立足；只有脚踏实地、不懈努力，才是通往成功最近的路。多年来，他一直这样努力着、成长着。

培育“匠心”

20世纪90年代末期，中国铁路通信领域正在全面推广光缆数字通信建设，采用的通信设备都是准同步光数字系列，当时大部分铁路工人文化层次低，对于新鲜事物的接受能力较差，工友们把希望都寄托在科班出身的王平身上。虽然在技校中接触过光缆数字通信，但更多的是停留在理论层面，实际操作起来困难重重，“赶鸭子上架”的现实状况，让他的工作压力倍增，常常寝食难安。

是退缩还是向前，他不止一次在内心问自己，对新兴知识的迫切需求和对通信工作的诚挚热爱，最终帮助他战胜了自己。他决定拿起书本，再一次去书海中寻找真理。他白天忙业务工作，晚上挑灯夜战，钻研铁路通信专业的相关知识，认真学习了新光电缆的接续和测试以及同步数字传输系统的应用等专业知识。有了目标，他由平时的“话痨王”变得少言寡语，一心扑在学习上，大家亲切的叫他“工地夜猫”。看到他这么努力，工友们常常主动在宿舍给他空出学习的位子和灯光，尽量不吵着他。功夫不负有心人，只用了几个月时间，他就熟练掌握了新型光缆数字通信工程的基本原理和施工方法，业务水平得到了全面提升，成功带领工友们顺利完成了新线施工，攻克了工作生涯的第一个难题。

2002年，业务知识扎实的他成了柳牙线光缆接续和测试的负责人，初到岗位，眼前就出现了一个新课堂——7×4电缆的接续和中继段测试。作为负责人，电缆单盘测试和施工配盘到后期的测试开通都由他主导。为了攻破技术难点，他坚持白天现场作业，晚上加班加点学习，针对电缆的测试和计算方法反复推演，写下了十多万字的学习笔记和工作体会。干中学、学中干，要干就干好的工作态度，使他一次又一次战胜困难，并在具体工作中快速提高了自己的业务技术能力。由于在光缆接续方面的“快、准、精”，他很快成为了工地的“明星员工”，得到了各级领导的充分肯定和项目同事的认可，成为了公司光电缆接续和测试工作的技术能手。

2008 年，北京奥运会开幕在即，作为北京地铁 10 号线一期奥运支线通信工程施工主力的中铁五局电务公司积极备战。他所在的通信队承担着光缆的选配、续接和测试工作，10 号线选用的光纤线缆和通信设备都是国际先进水平，且要求地下线缆测试精确度在 0.01 及以上，同时不能影响地面公路运营，续接的速度要求比常速快 5~15 个芯。这样高的要求，大家都将它定义为通信施工中的“拦路虎”和“卡喉刺”，王平却将其视为锻炼自己的机会，化阻力为动力，与工班工友反复研究图纸标准，熟悉设备操作流程，加班加点练习续接手法，不仅攻克了难题，还提前完成了光缆续接、测试工作，有效确保了传输系统线缆制作和续接的工艺质量。

王平（中）现场指导年轻员工

2009 年，他同设备管理单位、工程监理等人员，到西格线天棚车站通信机械室调查搬迁设备。在无人触碰设备的情况下，接入网设备突然断电，突然断电可是会影响铁路行车的，如果此时列车到达，非出事故不可。他凭着强烈的责任心和扎实的专业知识，迅速查找到了问题所在，并及时对隐患进行了处理。管理单位的同志握着他的手说：“你真是个专家啊！”

基层多年的实战让他练就了过硬的技术本领，也养成了爱思考的习惯，积累总结了大量实用有效的经验，尤其是在成千上万个线缆接头中查找出那些令人头疼的故障，常人看起来像大海捞针，他却手到擒来，干起来比老师傅还快、还准。一次，业主组织光缆故障整治，查找开挖埋在地下 1.2 米深的直埋光缆及既有接头，挑选了多名通信技术员都无法准确找到。项目部抱着试一试的态度推荐他进行查找。他利用测试出的光缆长度与测量地面距离进行换算，采用逐个击破的方法，顺利确定了多个故障点位置，但仍然有一个故障点无法准确确定。他根据测试点给出的距离范围前后多次察看，未发现有动过土的痕迹，通过电话沟通了解，凭借多年工作经验，他坚信此处不存在故障点，而是由上个位置光缆在机房内成端后，测试光功率过大，无合适脉冲宽度，成端镜面反射而产生了“鬼影”现象，形成了假象曲线造成误判。这一次的成功检测，令业主对中铁五局的施工能力“刮目相看”,同时也让他收获了公司“金牌职工”的称号。工友们常说:“那时候的王平，不仅是一个优秀的工人，更是一名工匠”。

永葆“公心”

2011 年 6 月，王平从工人岗位提拔担任架子队技术负责人，工友们都觉得架子队技术负责人不好干，没“两把刷子”不容易立足。他自信满满，相信只要自己认真工作，一切为了公司创效出发、为了职工增收出发、为了提升技能出发，保持工作上的“公心”，就一定能够在岗位上出彩建功。

2012 年底，他负责广深线布吉站房工程通信、信息专业架子队的技术工作。布吉站站台是无柱站台钢结构雨棚，高度高、跨度大，又临近既有线电气化铁路，雨棚信息桥架安装施工难度和安全风险大。他仔细研究，认为施工还有很大的可改善空间。经过近一个月的攻坚，他设计发明了一种“高空悬索吊篮作业平台”实用新型专利，解决了钢结构雨棚高度高、跨度大、作业梯车无法到达作业的难题，提高了 30% 的作业功效，节省了 2 / 3 的设备购置费，节约施工成本 20 余万元。“高空悬索吊篮作业平台”的工法，在“人民铁道网”技术交流栏目上得以发表，并荣获贵州省总工会颁发的

2016年贵州省第五届职工优秀技术创新成果奖,成功申请到了实用新型专利。

2013年，在云桂铁路引入南宁枢纽“四电”集成工程施工中，他主持从既有40芯光缆线路上分歧新建GSM-R系统8芯光缆的施工及工艺技术的改进工作，遇到了原产权单位既有光缆多次中断抢修、纤芯出现错乱、“鸳鸯”等现象无法使用的问题。他使用光纤测试仪表OTDR、光源和光功率计，根据多年测试经验，发现单模光纤在测试波长1310um窗口对外界机械应力变化反应迟钝、1550um窗口对外界机械应力变化反应灵敏的特点，将光纤在接头盒熔接点逐根进行打弯（弯曲半径小于光纤传输最小弯曲半径），再顺直进行判断，准确地找到了熔接点两侧的纤芯对应顺序，解决了既有光缆纤芯错乱、无法加装分歧光缆的技术难题，提高了施工效率，节约施工成本30余万元。

2013年12月10日凌晨2点10分，面对第一次接触涵盖十几条通信线路的改线、十四个通信系统的调试、被建设单位定性为“二级风险”

王平在现场安装配线

的车站线路改线及拨接开通的施工任务，他临危不乱，经过近两个小时的紧张工作，又一次安全顺利地完成了车站改线拨接任务。每一次的改线拨接成功，对他来说都是一次人生历练，也是一次努力奋进的开始。

在南宁东站施工中，他经过研究分析，设计提出了车站进站每个检票口单独查验、缩小进站验票区域的施工设计方案，试行“安全前移、验票后移”的实名验证模式，将东站实名制查验方式由过去的围闭分区管理改为在每个检票闸机前 2 米处设置独立的验证区域，彻底解决了实名制检验口设置过窄、旅客进站不方便等问题，形成了通畅的进站流线，并扩大了商业经营场地和旅客候车面积，实现了社会效益和经济效益的双赢。

这些年来，王平南征北战，与家人聚少离多，但他没有任何抱怨。他常说：“我是一名通信火种，每天坚韧地与风雨斗争，与时间赛跑，我要用我最虔诚的热心和我的专业能力，不断放大光芒，照亮身边的风景。”

（作者：中铁五局　熊君）

『穿越时空的青春“隧”月

——记“国务院特殊津贴”获得者，中国中铁特级技师李吉』

采访对象：李吉，男，中共党员，1987年2月出生，重庆市江津人，现任中铁五局电务城通公司盾构事业部高级技师，贵州省命名的省级技能大师工作室（盾构机械操作工）带头人，享受国务院政府特殊津贴。

他戴着黑框眼镜，身材挺拔高大，说起话来文质彬彬，是个名副其实的“小鲜肉”；他工作上雷厉风行，常常满身油污不拘小节，是个地地道道的“工作狂”。他就是李吉，1987年2月出生于重庆市江津县的他，现任中铁五局电务城通公司盾构事业部高级技师，是贵州省命名的省级技能大师工作室（盾构机械操作工）带头人，享受国务院政府特殊津贴。

32岁的李吉毕业于成都理工大学测控技术与仪器专业，工作十年来，先后参加了沈阳地铁、大连地铁、郑州地铁、南京地铁和长沙地铁等盾构施工项目与现场管理工作。多次安全优质地完成了盾构机的拆机、调头、运输、组装、调试、掘进等工作。先后荣获“中国中铁青年岗位能手”“中国中铁青年岗位能手标兵”第五届“中国中铁劳动模范”“全国青年岗位能手”中国中铁“十大专家型工人”“贵州工匠”“贵州省五一劳动奖章”；他编写的《软土地层盾构掘进厚浆同步压注施工工法》获评2014年度公路工程工法。

十年磨一剑，凭着勤学苦练、刻苦钻研、认真负责的工作态度，他从一名普通的见习生成长为地铁盾构操作高级技师。回顾成长历程，李吉除了认为自己入对了行、赶上了好机遇外，也与他“认准的事就一定把它干好”这种不服输的性格有着密切的关系，他常说：“青春就是用来奋斗的。”

真学真干的“毛小子”

2009年7月，刚刚大学毕业的李吉，在重庆老家辞别了父母，一路直奔长沙，带着满腔激情来到了中铁五局。负责给李吉分配工作的同事问李吉想去公司的哪个项目部上班，李吉听说中铁五局第一台盾构机即将在沈阳地铁2号线3标项目投入施工，他果断地选择去沈阳地铁项目，立志要将自己的所学运用到城市地铁建设中去，为社会的发展贡献自己的力量，为青春添上美丽的色彩。

来到沈阳地铁项目部以后，李吉见到了盾构机，这么大的设备他之前从未亲眼见过。李吉在吃惊的同时，心里也犯起了嘀咕：“眼前的这个大块头这么复杂，自己在学校里面学的东西怕是一点儿都用不上。”第一次

李吉获“贵州工匠”荣誉称号

明白了什么是理想和现实的差距，心中直打退堂鼓。

书到用时方恨少，事非经过不知难。盾构机涉及的知识很多，涉及的专业范围也很广，初学者学习起来就像看天书一样。李吉开始夜以继日地学习机械、电气、液压图纸，由于当时海瑞克盾构机是从德国原装进口的，所有资料都是英文图纸，学习过程中要不停地进行英文翻译，他就翻词典、查资料、问师傅，直到把问题彻底弄明白才罢休。白天，只要一有时间，他就跑到施工现场盾构井下面去观察盾构机，对盾构机的机身结构和每一个部件仔细了解，把平时在图纸上学到的东西对应到实物上，让自己对盾构机有了更准确的认识。

在项目上，只要盾构机发生故障，李吉总是第一个跑到现场，学习师傅们是如何查找并排除故障的，即使到了下班时间，只要故障问题没有顺利解决，他都坚决不下班，直到把故障排除为止。工作间隙，李吉把平时工作中出现的各种故障处理过程详细记录在随身携带的笔记本上，每天睡觉之前，无论多晚，他都会把一天的工作内容、盾构机方面的知识和心得体会归纳整理成电子文档保存起来，以供自己随时查阅学习。多年来，他平日里记下的点点滴滴，如今已经汇成15万字左右的工作笔记，小到一个配件螺丝钉，大到盾构整体结构，都作了详细的记录说明，密密麻麻的文字成为他学习过程的见证。

攻坚克难的排头兵

可能很多人不了解盾构机械操作手这个工作岗位，盾构机操作不仅是体力活，还是脑力活；既要负责对盾构机的维修、保养、运转，在掘进过程中，还要有专业素质和工作耐心。一名合格的盾构机械操作手，除了过硬的技能，同样需要具备坚韧的品质，地下有太多不确定因素，盾构操作一不留神就有可能造成严重后果，操作手就是操作盾构的核心。这些年来，李吉一直致力于提升自己的综合素质，强化自己的工作水平。如今，他早已成为了盾构操作的能手标兵。

沈阳是李吉刚参加工作的地方，当时的工作经历给他留下了最为深刻的印象。沈阳地铁盾构施工面临诸多困难，主要是地质条件复杂、地面建筑物众多、隧道埋深大、高富水的砂卵石地层等。在这种条件下施工，盾构机很容易出现喷涌现象，对刀具磨损也较大，地表沉降难以控制，小半径曲线上管片容易破裂。

记得有一次，在盾构施工还剩下最后两百多米时，盾构机掘进参数突然发生异常，盾构机寸步难行。面临巨大的安全和工期压力，项目领导心急如焚。初生牛犊不怕虎的李吉主动请缨，向领导建议在刀盘上方开挖竖井下去至刀盘处，对刀具进行检查。项目部经过分析论证，最终李吉的建议被采纳。通过检查发现，刀具果然磨损严重，泡沫管路堵塞，造成开挖直径不够。后来，通过及时调整和增加刀具，疏通泡沫管路，使盾构机重新恢复了推进，并通过调整泡沫系统参数，增加膨润土改良，顺利地完成了后续盾构掘进。

2011年，大连地铁盾构施工又是一块硬骨头。李吉担任“韶山二号”

盾构机操作主管，同样面临极大的挑战。施工中，盾构机不但要穿越无水硬岩地层、富水硬岩地层、富水软硬地层和上软下硬地层等复杂地层，还要下穿地面主干道和高楼建筑物，可谓是“压力山大”。在操作盾构机掘进时，李吉始终告诫自己必须做到细心一点、再细心一点，才能确保施工生产万无一失。但是，就算是这样小心谨慎，风险还是无处不在。

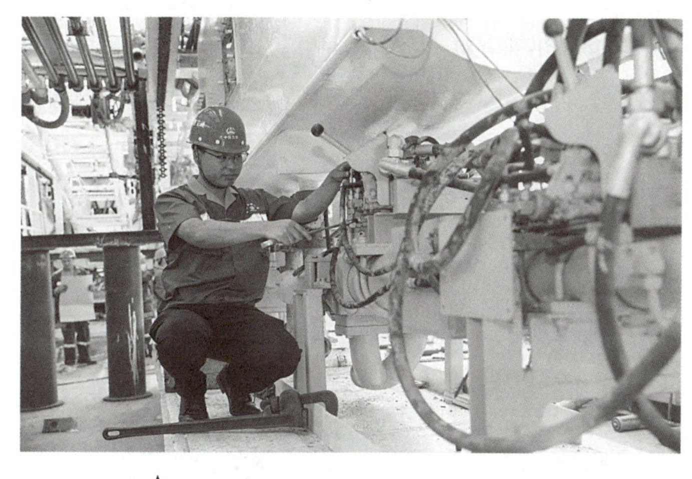

李吉在现场检修盾构同步注浆机

一次，盾构机在穿越西安路旁边高达百米的昌隆大厦时，由于隧道断面上部全风化岩、下部硬岩的原因，需要空仓排水进行推进。但昌隆大厦基础采用了筏板基础设计，一旦排水过程处理不当，极易造成大厦整体沉降，且盾构机不能长时间停止在大厦下面，否则风险会更大。当时，李吉顶着巨大压力，仔细研究施工工艺，及时调整掘进参数，谨慎准确地操作着每一个控制按钮，确保盾构机掘进姿态平稳，盾构出渣正常有序，并及时填充浆液，确保盾构机安全顺利地通过了昌隆大厦。成功排除此次风险，也使李吉对操作盾构机在复杂地层和高风险中作业有了信心。后来，经过长期的学习和实践，李吉总结出了不同地层采用不同的盾构机掘进模式施工经验，有效地解决了盾构施工难题，加快了施工进度。

2013 年，李吉到南京地铁 3 号线 9 标项目部。项目部负责施工的盾构区间处于古建筑和繁华街道下方，盾构机始发风险高，地面环境复杂，为了保障盾构机始发安全，李吉潜心研究新的施工工艺，创新发明了钢套箱 + 冷冻始发技术，洞门通过冷冻技术把软弱的地层变成冻土，保证了破除洞门掌子面的安全，通过增加钢套箱的使用，在盾构机还未与掌子面接触之前，提前封闭洞门与盾体之间的间隙，形成密闭空间，避免了采用传统的橡胶帘布密封损坏带来的漏水漏砂后果。这种盾构始发技术填补了中铁五局盾构施工采用钢套箱始发的技术空白，为类似地层盾构始发积累了重要经验。

李吉在进行盾构掘进操作

此外，李吉还带领团队对盾构机同步注浆技术进行研究创新。盾构机同步注浆传统方式采用的是水泥砂浆，该浆液存在软弱粉细砂地层，凝固时间短，注浆量大，填充效果不好，容易造成盾尾密封漏浆，地表沉降控制较难，停机时间长，存在抱盾体等问题。李吉通过学习研究，引进新型浆液厚浆的使用，有效地解决了浆液的运输问题，在穿越建筑物及软弱地层时，起到了很好的填充作用，所穿越的地表及建筑物皆达到了零沉降零预警。

2014年至今在盾构事业部期间，李吉负责长沙地铁3号线2标、3标现场盾构施工生产管理，项目施工以来安全完成了10台次盾构机始发、9台次盾构机接收，盾构机多次顺利穿越高风险构筑物、江河、湖泊、溶洞；荆江渔场、恒伟西雅韵楼房、荆江河、洋湖公园、后湖公园、绕城高速路等高危区；经历过卵石、圆砾、淤泥地层、风化岩、灰岩等软硬不均等复杂地层。由于地质条件复杂多变，刀具异常损坏较多，进行过数十次常压换刀、十次带压换刀，第一次采用了新型材料衡盾泥建泥膜带压开仓换刀施工工艺，第一次盾构连续多次成功穿越溶洞群，第一次采用了双帘布钢套箱始发技术。2016年年底，成立了贵州省李吉盾构机械操作工技能大师工作室，依托工作室的技术力量，服务于现场盾构施工技术难题，推广新技术、新工艺的应用，积极攻关电瓶车强制跳道装置、盾构机监控信息数据化管理、盾构施工工地智能化系统设计及应用、施工现场自动排污控制装置、龙门吊轨行区障碍物自动感应限位装置、电池修复技术、盾构机主轴承小齿轮轴新型精准装配装置等课题研究，简化了工序，降低成本，实现了长沙河西高危地层盾构施工零风险。

爱和责任的坚守者

参加工作至今，李吉始终把安全放在第一位，严格执行安全操作规范。在工作中提出了许多独到的方法、制定了切实有效的操作规程，他坚持对盾构机上的设备根据其工作和运动速度情况，分别实行周保养，月检查制度。高度的责任心和安全意识，使李吉所在的盾构机不仅保持着设备最佳的良好状态，同时大大节约了配件修理、更换费用成本。

盾构机属于大型机械设备，其结构和原理相当复杂，为了更好地开展工作，他养成了认真学习的习惯，自费购买了大量盾构操作技术书籍，多次参加中国中铁在郑州、深圳举行的盾构机械操作工培训，利用业余时间不断给自己充电，始终将学习提升作为自己的工作重点。

作为当前企业盾构操作的行家里手，面对众多的光环和荣誉，他没有沾沾自喜，而是不断地充实自身。有朋友对他说：“你现在已经名利双收了，对工作干嘛还那么较真？”“成绩只能代表一个人的过去，未来始终充满着挑战，逆水行舟、不进则退。选择盾构施工事业，是因为我热爱这份事业，正是这份执着和热爱，使我不忘初心，奋斗不止。”李吉坦然笑对。

爱和责任是每个人生命中的主旋律，因为有爱就有了热情，有责任就有了奉献。作为一名盾构机操作手，不是没有疲惫的时候，也不是没有委屈的泪水，只要盾构施工一开始，便要夜以继日地钉在狭小的盾构机操作室里，根本没有时间去陪伴父母、爱人和孩子。但对李吉而言，幽深昏暗的地下隧道、昼夜轰鸣的盾构机器、枯燥繁杂的施工数据便是他特殊的责任，是生命中特殊的音符，正是对这份爱和责任的坚守，才让他在平凡岗位上实现了人生的价值，演奏出最美妙的人生乐章。

李吉曾在微信中写道：“穿过黑暗幽深的隧道，迎接我的必将是金色摇曳原野。在破茧而出之前一定会经历种种磨难和痛苦，但我仍坚信光明的到来。”这句话，相信是李吉入行时的心声，是成功后的自勉，也是这么多年来和以后的工作中李吉一如继往的责任。

（作者：中铁五局　石亮）

『用“小电笔”镌刻人生丰碑

——记“全国青年岗位能手”，中国中铁特级技师孙宏义』

采访对象： 孙宏义，男，中共党员，1974 年 12 月出生，辽宁省锦州人，现任中铁上海局建筑工程有限公司电气分厂高级技师，曾获“全国青年岗位能手”称号，享受国务院政府特殊津贴。

有这样一名普通电工，戴着眼镜抱着书，个头不高却内心强大，言语不多却思路清晰，多年来踏实工作、勇于创新、甘于奉献，凭借手中小小的“电笔”，书写了自己的大人生，2013年1月获得了国务院政府特殊津贴。他就是全国青年岗位能手、中国中铁十大专家型工人、中铁上海局建筑公司电器分厂高级技师——孙宏义。

出生在工人家庭的孙宏义，从小就展现出了对电学的浓厚兴趣和独特天赋。从业30年来，先后在“亚洲第一大站——北京西站”“秦沈客运专线”等重点工程从事电气改造工作，在技术创新、自主研发的道路上，先后研发、设计新装置和工法11项，革新产品23项，技术攻关17项，提出合理化建议31项，为企业节约成本796万元、创造效益4695万元。2012年，孙宏义被团中央、人力资源和社会保障部授予“全国青年岗位能手”，并荣获了“中国中铁十大专家型工人”“中国中铁杰出青年岗位能手标兵”“中国中铁优秀共产党员”等荣誉称号。

三十多年间，孙宏义始终坚守“精心组织作业，确保万无一失”的理念，无论任务多么艰巨、施工多么艰难、条件多么艰辛、工期多么紧张，始终带头冲在前面，甘于奉献、不辱使命，用手中的小“电笔”不仅书写了自己的大人生，更描绘了一幅壮阔的“中国梦”画卷！

起点低，攀登高峰的期望不低

1994年，从锦州铁路司机学校电力专业毕业的孙宏义被分配到电器分厂的前身电器车间电力班，成为了一名蓝领——电力工人。刚参加工作的他只懂得一些书本上的理论知识，没有多少实际操作经验。

“又是个刚出学校的虎犊子！啥也不会干！”厂里的老师傅们给了一脸稚嫩的他一个下马威。

纸上得来终觉浅，他深知自己文化程度低、缺乏经验，默默告诫自己“在干中学、在学中干”，实践出真知，一定要尽快掌握电力专业技术和施工知识。于是，他主动给老师傅当下手，抢着做最苦、最累的活，熟悉工序和工艺；业余时间，每月花掉近一半的生活费购买大量电力高端专业技术书籍，丰富自己的理论知识。

“你就是个工人，花那么多钱买书看，你就能当厂长吗？还不如把钱存着以后买房娶媳妇实在！”

“工作无贵贱，技能有高低，电力工人干好了也能达到自己的人生高度！”面对别人的质疑，他有力地回应着。

他像海绵一样不断汲取着电力专业知识，针对新型电器设备自动化程度高、技术含量大的特点，自学电脑编程、微电子、PLC 编程、CAD 制图等多种技术，并主动配合领导和工程技术人员，优化施工组织设计，细化施工方案，破解生产难题，小小的笔记本上，记满了知识要点和心得。

“你爸糖尿病昏迷进抢救室了，这次挺危险……”2002 年 5 月 18 日，电话里传出一名铁路工人的声音。此时，他正在沟帮子车站趁着“天窗期”，掐着秒表与时间赛跑，进行配电所微机监控系统改造作业。身为独生子女的他在亲情与工作的两难中，含着眼泪和深深的歉意选择了后者。面对工期的紧迫和任务的重要性，他强忍着内心深处的担忧，擦去了眼角的泪，继续低着头摸线、对号、填卡、接线、自检，最后按作业队长的责任全面专检、拉闸通电，最终提前 11 分钟完成天窗作业任务。脱下工装的他顾不上吃饭，带着疲劳直奔锦州，见父亲已转危为安，终于忍不住哭了出来，是担心，是愧疚，他已分不清。

父亲却笑着对他说：“我命大，没事的，你忙你的去。”这一夜，他安顿好父亲住院的事情，一晚上没合眼。第二天，他照常出现在工地，安排新一轮天窗作业拼抢的技术交底。

2005 年和 2009 年，他分别获得了工人技师和电工高级技师职称。2008 年，他完成了海军工程大学计算机科学与技术专业课程学习，取得了本科学历。他还多次在股份公司和各类技术大赛中取得骄人成绩，先后荣获“技术标兵”“技术状元”等称号，不断朝着自己人生高度的目标走去。

难度大，攻坚克难的劲头更大

铁路工程的“战场”在室外，甚至是荒郊野外，作为普通电力工人的

孙宏义检测设备运行情况

孙宏义经常风里来雨里去，挨饿受冻不说，还要为了抢工期加班加点、昼夜奋战。

北京西站，曾被誉为“亚洲第一大站”，占地 51 万平方米，每日客流 60 万人次，是中国规模最大的交通枢纽之一。2012 年 9 月，施工方在北京西客站电气改造工程中，遇到了棘手问题。

88 台低压开关柜的老化更新、变压器的增容，成了一块难啃的骨头。这 88 台低压开关柜制约着整个车站的 27 个铁路专业，519 个部门，3682 个行车、管控、服务的动力窗口，而车站给予的站内作业“工期”仅 10 天，且停电天窗只能在午夜零时至四时。一个动力窗口最少 10 个电路接头，这就意味着要在 40 个小时的封锁天窗时间内，实施最少 3 万个人工接头作业、调试，安全质量、施工工期、作业难度形成的压力，被工友们喻为“三刀锁喉，咽点吐沫都能见血”。

面对这个几乎无法完成的项目，许多人都望而却步，远在锦州的孙宏义收到了施工方的邀请，希望他带领团队前来帮忙。他明白，设备老化了必须得换，安全隐患比施工难度更令人担忧；他更清楚，化危才有机，“三刀锁喉”虽艰辛，却是创立品牌的最好时机。

孙宏义（右一）现场检测设备

在设备制作的头两个月里，他多次进行现场勘查，反复测算，以分钟综合测算来倒排工期，以成本最低来优化施工方案，同步制定安全应急预案和质量创优规划。

“这个开关柜要特别注意，它里面线路老化最严重，一定要看清看细，避免出错！”

“这个位置可以带电操作，可以在白天先接好，节省时间。”

他来回穿梭在北京西站内，将51万平方米内的每一条线路、每一个接头都画在心中。白天，他带领工友安装设备、敷设电缆，做足各项准备工作；午夜零时一到，他和工友们按照方案，各把自己的端口，迅速展开接口作业。

北京的冬天，滴水成冰，寒风刺骨，却冻不住他们攻坚克难的热情，吹不散他们顽强拼搏的干劲。连续昼夜奋战，仅用七天时间就安全优质地完成了任务，业主、监理和施工方都敬佩地竖起大拇指：不愧是扼守关口咽喉的“机电雄鹰”。

从沈山铁路电气化改造到秦沈客运专线工程、从车间技术研发到北京西客站站舍电气改造，不管施工条件多么艰苦，他对工作都一丝不苟。2012年，他被团中央、人力资源和社会保障部授予“全国青年岗位能手”，并荣获了“中国中铁十大专家型工人”“中国中铁杰出青年岗位能手标兵”“中国中铁优秀共产党员”等荣誉称号。

研发难，创新攻关的意志更坚

研发创新意味着推陈出新，走一条从没有人走过的路，而这条路上往往是十分耕耘半分收获。孙宏义从走上电力工岗位那天起，就选择了研发创新的路、一条绘就人生华美篇章的路！

1999年，工作仅4年多的他针对沈阳铁路局变配电所直流电源系统常引发变配电所故障的问题，在没有足够经验也没有良好研发环境的情况下，经过一年多的努力，进行了无数次实验和改进，终于成功设计制造出电池巡检综合保护仪和直流过欠压继电器，售价是其他公司同质同类产品的十分之一。

而后由于公司重组、机构改革等原因，研发缺乏稳定的环境和充足的时间，研发进度受到较大影响，但是他没有停下创新研发的脚步，依然迎难而上，积极开展技术攻关，在群众性经济技术创新中起到了带头示范作用。

几年来，他带领QC课题攻关小组，针对施工中的攻关课题，设计、生产了JSZD—Z型直流过欠压继电器，改进了原有过欠压继电器无电压

孙宏义（右一）现场指导年轻员工

指示、无过欠压设定值指示的缺点；设计、生产了电池巡检综合保护仪，使原有配电所内直流系统中串联的电池组得到了综合保护，被沈阳铁路局80% 以上的变配电所采用；同时相继成功研发了遥信隔离装置、线路监控装置智能一体化充电电源、微机监控智能化复位系统、远动开关站分合闸储能装置、高亮发光二极管高压带电显示器等数十种电力设施装备，消除了原有设备不足所带来的安全隐患；还设计出线路二次电流数字化传输器，凭借优于国内其他公司同类产品的优势，为公司赢得了 1200 万元合同。

机电分公司在变配电所施工中以及生产高低压开关柜时，变配电所直流系统一直采用智能高频开关电源充电模块，配合硅链降压来稳定直流电源，不但需手动调节，而且易烧坏设备。敏锐的孙宏义决定着手改进，通过查阅资料、请教专家、独自试验，最终发现采用 IGBT 高频开关稳压方式,以简单可靠的脉冲宽度调制（PWM）电路实现变配电所直流系统改造，不但达到自动无级调压目标，而且大大降低了成本。这一改，机电分公司生产的 200 多台直流柜一下子就节约了 40 万元成本。在通辽电力调度中心新建工程施工中，面临工期紧、任务急、技术含量高、施工难度大等诸多困难，他临危受命，白天带领员工安装调试，晚上挑灯夜战，夜间员工休息后，他自己拆图备料，渴了喝口凉水，饿了咬口面包。在他身体力行的影响带动下，全员起早贪黑、昼夜奋战，只用 7 天就完成了安装调试任务。工期进度、安全质量均受到业主、监理和上级领导的好评。他参加的重点工程建设，所承担的每项工程质量优良率和一次交工合格率均达 100%。

2014~2015 年间，建筑公司机电分公司以他的名字命名成立了创新工作室，团队也正式命名为“宏义突击队”。工作室将他的个人技能和经验转化为团队经验，积极发挥“传帮带”作用，将个人发明创造、技术革新转化为推动企业创新、高质发展的强大动力，工作室已经成为一个新产品开发的平台和孕育高技能人才的摇篮。

目前，团队的 8 名成员都已经成为能独当一面的优秀技能人才，相继为沈阳铁路局、哈尔滨铁路局设计研发出了电力远动箱式变电站、电力调度主站系统、铁路供电终端双电源监控装置电源系统、建筑施工现场临时用电新型配电箱等十余种新式装置。在未来的工作中，他为工作室定下了目标：每年完成 2~3 项新产品开发，三年内申请国家专利 2~3 项、更新公司生产电器产品 2~3 项。

尽管近两年来孙宏义取得的成果越来越多，但他没有就此满足。2016 年，他设计并制作完成微机监控装置无人值守状态的智能化微机复位装置，为公司节省了大量成本；2017 年，他设计研发的箱式变电站电缆漏电报警装置，获得了国家专利；2018 年，他紧跟时代步伐，倡导绿色施工，主创的施工现场绿色智能化照明供电系统，荣获了中国中铁工会年度职工创新创效优秀成果……

孙宏义是一名普普通通的工人，身上却有不普通的精神。手中的电笔是他三十年来的坚守，从一名电工到中国中铁十大专家型工人，再到上海市杰出工匠，他干一行、爱一行、精一行，用“小电笔”绘就人生华美篇章。

（作者：中铁上海局　纪然然）

『25 年科学客观公正的追求者

——记“中央企业技术能手”，中国中铁特级技师申晓瑜』

采访对象： 申晓瑜，男，中共党员，1976 年 7 月出生，山西省祁县人，现任中铁三局测绘检测公司京张高铁项目部中心试验室高级技师，中央企业技术能手，山西省享受政府津贴高级技师，山西省全面建设小康社会一等功获得者。

他，一名中国中铁的普通工人，在一线工地坚守25年，足迹遍布祖国工程建设20多个省市。

他，一名铁路技工学校毕业生，是中国中铁试验特级技师、试验检测工程师，他是高技能人才的杰出代表。

他，刻苦自学，钻研技术，立足企业精神和价值传承，在平凡的岗位上始终坚守中国中铁人拼搏奉献的精神。

他，就是中央企业技术能手、山西省享受政府津贴高级技师、山西省全面建设小康社会一等功、中国建设工程施工优秀工匠、中国中铁青年岗位能手——申晓瑜。

申晓瑜，中共党员，高级技师。25年前走出郑州铁路技工学校大门后，他先后参加了洛阳－三门峡高速公路、孝感－襄樊高速公路、郑西客专、宜万铁路、京沪高铁、石武客专、沪昆客专、渝黔铁路、京张高铁等多项国家重点工程项目的建设，一直潜心从事试验检测工作。通过刻苦自学、钻研，取得了建筑材料试验工国家一级资格证、铁路检测工程师证、交通部公路检测工程师证、中国中铁高级技能人员培训合格证、国家级专业技术人员继续教育基地铁路工地试验室负责人资格证、中国计量科学研究管理中心计量管理员证。著有学术专著《铁路混凝土用原材料的检测原理和意义解析》，拥有两项实用新型专利：灌砂法路基压实度检测旋挖取土装置、一种工程桩检测静载试验装置。撰写发表论文《高性能混凝土的研究与发展现状》《掺石灰石粉对混凝土工作性能和力学性能影响研究》《铁路混凝土用水泥的检测原理和意义解析》《混凝土裂缝成因及控制策略》《对于铁路路基工程的检测试验》；参与撰写的《机制砂混凝土结构成套应用技术研究》获得局级科学技术二等奖。2018年参加中国中铁股份有限公司高技能人员培训系列教材《工程试验培训教材》审核工作。

试验检测是工程质量管理的一个重要组成部分，也是工程质量控制评定验收的一个主要环节，对于提高工程质量、加快工程进度、降低造价、推动施工技术进步，起到非常重要的作用。这是一项综合性很强的技术

申晓瑜在进行隧道衬砌地质雷达无损检测

工作，涉及物理、化学、数学、工程力学、土力学、统筹学等多门学科，既要看懂设计图纸，还要熟记和掌握国家、地方、行业标准近六百本，而且标准会随时更新、变化，需要不断学习实践、系统分析、总结经验。这门技术掌握起来很难，学通学精更难！但是，天生不服输的申晓瑜迎难而上，由他负责的每个工程项目都高质量通过竣工验收并保证如期通车，试验工作得到了行业领域的高度认可，在为工程质量保驾护航的同时，也为试验检测技术积累了宝贵的经验！作为国家认监委考核批准的试验检测报告签发人，他严守职业道德和工作程序，遵纪守法，廉洁自律，劳动态度端正，保证试验检测数据科学、客观、公正。传授技艺、指导本工种岗位练兵情况优良，解决生产关键操作技术、工艺难题能力强。

学有初成，不怕吃苦积极学习的进取心

1998 年，在洛阳至三门峡高速公路项目，作为工程试验检测人员，申晓瑜严格做好路用材料质量、施工控制参数、现场施工过程质量和分部分项工程验收这四个关键环节工作。在当地取土场方量严重不足、而工期又紧张的情况下，他大胆运用石英碴作为路基填筑材料，在施工中采用中间填石英碴、两侧路肩两米用土包边的方法，通过碾压前和碾压后的沉降量观测来控制路基压实度，取得了很好的施工效果：路基经弯沉试验检测合格，无一返工现象。这项改革为单位解决了施工中的难题，节省资金 30.8 万元。

2002 年，在孝感至襄樊高速公路工地，面对 25 公里的路基检测工作，为了不影响施工质量和进度，他每天的工作时间达到 14 个小时。白天实作检测，由于试验时间跨度长，经常顶着烈日检测，皮肤被晒伤多次；为及时给工地提供科学客观的施工数据，晚上必须完成当天的记录和报告，分析试验数据，填写试验台账、仪器运转记录等，加班至 12 点已然成为常事。工作再忙，时间再少，为了提高自身专业技能，在保持高强度工作的同时，他每天都会抽出有限的休息时间研究专业知识，做笔记，总结经验心得。这样的工作、学习强度，他坚持了整整三年。孝襄高速公路最终以优良的工程质量通过验收！

学如穿井，工作务实勇于担当的责任心

2005 年，国家第一批高铁项目开工建设，申晓瑜被抽调到郑西客专中心试验室工作。为了熟练掌握高性能混凝土配合比设计技术，他谦虚学习、潜心研究，完成近 2000 个高性能混凝土配合比设计和拌合试验工作；为了及时得到准确的试验数据，大年三十晚上仍在制作混凝土试件……现场从未因混凝土配合比而影响施工，保证了耐久性混凝土质量。在由多家单位联合举办的关于机制砂用于高性能混凝土可行性的专家研讨会，他建议使用机制砂代替天然砂运用于高性能混凝土，并进行了对比试验研究，所有检验项目均满足客运专线对高性能混凝土的要求，用于施工后，每方混凝土节约成本近 60 元，总计节约 370 余万元。

2007 年，宜万铁路项目，随着工程进展，主控工程马口河特大桥 120 米高度悬灌混凝土泵送出现难题。由于现场混凝土工作性达不到施工要求、泵送高度有限，工程基本处于停工状态。他临危受命，接任该项目试验主任。120 米，对于患有恐高症的他，是个巨大的挑战！为了完成使命、尽快让

申晓瑜在进行混凝土试件加工

工地复工、降低损失，他克服自身心理障碍，在简单的工地电梯里往返上下，掌握了原材料质量波动对混凝土和易性造成影响的第一手资料，建议使用新型聚羧酸高性能减水剂，从根本上解决了混凝土泵送的难题，加快了施工进度，为工程顺利竣工创造了条件。

学行修明，投身基建常怀感恩的奉献心

2008 年，申晓瑜被任命为中铁三局京沪高速铁路工地试验室主任。为尽快开展试验工作，他和同事们紧锣密鼓完成了试验室验收的各种内外业工作，一天一夜没合眼把资料装订完毕，顺利通过了京沪总指苏州分指的验收。半个月，体重降了十多斤，但他笑着对同事们说，试验室验收后，咱的工作就不被动，不影响施工大局，这是最关键的。工程全面开工以后，试验工作真正做到了先于工程、服务于工程。在路基填筑中，他对所选填料细心认真地进行试验，对每一压实层严格按规范要求检测，对试验结果确认后做出定论，使本标段路基成为全线样板工程。在完成试验工作的同时，他把高速铁路路基检测新技术 Evd、Ev2 悉心教给试验员，培养了一批能独当一面的技能人员。

2010 年，在石武客专轨道板场工作时，混凝土Ⅱ型轨道板的制造不同于一般的混凝土构件，必须具有很高的平整度和抗裂性。怎样才能有效的预防和控制轨道板裂缝产生，成为生产中的关键。他虚心向同行学习，翻阅有关文献，专注研究Ⅱ型轨道板的施工配合比和施工过程质量控制，试验室、搅拌站、生产车间、成品存放区……随处可见他的身影。通过试验对比和配合比优化调整，为企业直接降低成本480余万元，完成了轨道板由前期的摸索生产阶段转为批量生产阶段，顺利通过了铁道部质监中心认证许可评审。

2011年，参加沪昆客专工程建设，他在全标段10个混凝土拌合站开展QC小组活动，使混凝土一次生产合格率提高到95.7%，为工程质量提供了有效保证，并节约了生产成本，该成果获得中铁三局集团公司三等奖。他以提高混凝土外观质量和降低喷射混凝土回弹率为课题进行QC专项攻关，研究成果分别获得中铁三局集团公司三等奖和二等奖。他深入原材料生产第一线，从源头为工程建设提供合格的原材料进行技术支持，改进料厂细骨料的生产工艺，把生产机制砂的筛网尺寸由原先的5mm调整为4mm，有效地保证了细骨料的颗粒级配。

在国家重点工程京张高铁，他用13天完成试验室建设并通过验收，在京张全线排名第一，个人在业主组织的全线试验室主任闭卷考试中获得第一名。在9.5公里路基施工中，他运用路基连续压实检测新技术，实现了由点的抽样检测转变为覆盖整个碾压面的全面监控与检测；实现了施工全过程监控，与施工同步，保证了压实质量的均匀性和稳定性，提高机械工作效能从而降低了施工成本；由结果控制变为过程控制，实现了过程控制与验收控制的有机结合并互为补充，提高了路基结构的整体工程质量，路基验收合格率达到100%；为全标段设计160多个不同强度等级的耐久性混凝土配合比并进行选配优化。针对混凝土外观质量波动的技术难题，为避免无砟轨道混凝土裂缝的发生，他对配合比从四个方面做了最佳调整：胶凝材料用量做到经济合理；适当提高外掺料掺量；增加粗骨料用量，控制粗骨料的最大粒径；在满足施工的条件下，混凝土坍落度宜小不宜大。在施工过程中提出了减少混凝土早期开裂关键在于控制混凝土初凝前产生的裂缝或缺陷的科学理论，并制定措施，大幅度降低裂缝发生的概率。试验室超前为施工提供科学、客观、公正的数据，有效地指导工程施工，确保工程质量创优，中铁三局在京张全线连续创造了十七项第一，信用评价连续四次第一名。

谦虚的学习、勤奋的付出，使他解决技术、工艺难题的能力不断提升。历年来，由他解决的施工难题数不胜数，如混凝土强度低、外观质量差、混凝土超高度泵送难题、机制砂生产技术控制难点、路基填料物理改良技术难题、混凝土含气量超高问题、混凝土裂缝产生及控制技术等等。2013年，他在国务院国资委中央企业职工技能大赛建筑材料试验工决赛中获得铜奖，在决赛的三个实作项目中，混凝土配合比设计拌合项目和钢筋拉伸弯曲项目均获得第一名。他三次被授予中国中铁青年岗位能手，是中铁三局青年岗位能手标兵、金牌工人、安全生产先进工作者、施工技术管理先进个人、先进生产工作者，在中铁三局桥隧公司奥林匹克技术比武大赛中获第一名；他是京张项目优秀共产党员、京张优秀项目管理者，被各级单位授予“年度先进个人”“知识型员工”等称号。他所在的项目试验室被中铁三局评为项目文化建设先进单位和项目管理先进单位。近年来，他培养学徒总计24人，5人取得铁路试验检测员上岗证书，12人成为试验工技师，7人成为试验工高级技师，在各个工程项目上成为技术骨干。其中，有2人在2016年中国中铁第十五届青年技能竞赛工程试验技能大赛中进入前15名，有1人在2018年中国技能大赛中国中铁职业技能竞赛试验技能大赛中取得第七名，被评为中国中铁青年岗位能手、技术能手。曾担任中铁三局第三、四届试验工青年技能竞赛副总裁判长和教练，在中铁三局试验、物资业务骨干人才培训班中多次作为授课组成员进行讲课，为企业人才培养和储备作出了突出贡献。

他具备高超的技艺和精湛的技能，耐心专注，咫尺匠心，诠释极致追求；锲而不舍，身体力行，传承匠人精神；千锤百炼，精益求精，打磨中国制造。他是光荣的劳动者，一念执着，一生坚守。多年来，他始

申晓瑜现场指导年轻员工

终坚守着一份信念：为工程建设严把质量关，铸造每一件精品工程！正是这种忠诚和责任，让他在平凡的岗位上兢兢业业，精雕细作，专心、专注，发扬工匠精神，成就了一个个不平凡的工作业绩。他是一名从普通工人刻苦钻研、自学成才，成为高技能人才的典范，更是在普通的岗位上一步步成长起来的试验检测领域领军人物。在他的身上，我们看到了中国中铁人勇于担当、奋力拼搏，不忘初心、践行使命，砥砺前行、追逐梦想的优良品质！看到了这种优良品质在新时代中铁人的传承和发扬！更看到了一名优秀共产党员坚持理想信念，坚定不移地为建设新时代中国特色社会主义而奋斗；坚持勤奋工作，创造一流工作业绩的先行、先导，发挥着一名优秀共产党员的先锋模范作用！

“干一行爱一行，勤勤恳恳，踏实奋进”，是同事对申晓瑜的评价。但是，在成绩和荣誉面前，他经常说一句话：“科技创新永无止境，仍需不断努力，才不会被试验技术发展淘汰”。“常规工作有创新，创新工作有特色，特色工作有品牌”，这是申晓瑜的职场信条，激励着他为祖国高铁建设的伟大事业奋斗终生。

（作者：中铁三局　贾旭）

『踏石石留印　抓铁铁有痕

——记“陕西省劳动模范”，高级技师石铁臣』

采访对象：石铁臣，男，1963 年 5 月出生，陕西省渭南市人，现任中铁七局西铁工程公司重庆蟠龙抽水蓄能电站项目部高级技师，陕西省劳动模范。

“我叫石铁臣，石头的石，铁路的铁，忠臣的臣！”在许多场合，中铁七局西铁工程公司的普通工人石铁臣经常这样自报家门。朴实的话语，洋溢着投身祖国铁路建设的满满的自豪感。只有高中文化程度的他在参加工作的 30 多年时间里，愣是靠着一股子踏实肯干、刻苦钻研、要做就要做好的韧劲和拼劲，一步一个脚印，成长为西铁工程公司“首席职工”、中铁七局“能工巧匠”和“陕西省劳动模范”……

石铁臣获“陕西省劳动模范”荣誉称号

接过父辈的旗帜

石铁臣出生在陕西农村，父亲是西铁工程公司的一名普通工人，父亲给他起名石铁臣，就是希望未来儿子能像铺路石一样肩负重任，甘作铁路建设的忠臣。

1981 年，高中毕业的石铁臣“接班”进入西铁工程公司当上了一名工人。上班前夕，父亲郑重其事地叮嘱：“农村人出来不容易！到了单位，一定要听领导话，好好干活，好好跟着师傅们学，一定要干出些样样，干出些名堂来！”石铁臣把这些话牢牢地记在了心里。

上班后，还是学徒工的石铁臣每天跟着师傅们砸洋镐、扛枕木、卸水泥、筛白灰……他干起活来不怕苦不怕累不怕脏，很快就得到了师傅和工友们的认可，成为一名熟练工。

石铁臣不满足于仅仅做一个熟练工人。由于没有上过大学，他深以为憾，对学习新知识、新技术充满了渴望。他暗下决心，要做一个既能吃苦出力、又能看图纸会测算的技术工人。可是在当时，普通工人就是想见上图纸一面都很难，更别说看懂图纸。他一直没有放弃心中的梦想，每当技术人员拿着图纸时，就要想方设法凑上去多瞄两眼。

1995 年，公司开办夜校，给工人们讲图纸、讲技术、教技能，石铁臣第一批报名参加学习。在夜校同学和工友的印象里，课堂上的石铁臣听讲专心、笔记工整，课余时间老是抱着施工书籍和图纸，看得是如饥似渴、废寝忘食。从此，学习看图纸和认真阅读施工方面的书籍，成了他的一大兴趣爱好，一遇到不懂的问题，他就会记下来，找机会向技术员或经验丰富的老师傅请教。有的工友在下班后邀他去喝酒，或者去闲逛，常常被他婉言谢绝。因此，有人说风凉话：“你就是一个砸洋镐的，还想干啥？”他总是淡淡地一笑，什么也不说。

很多工友没有料想到，就是这样一个从农村来接父亲班的高中生，在整天抡着洋镐挥汗如雨的同时，将把自己锻造成为千千万万铁路建设者中的一名“有用之才”。

今后，他将一展所学，不负老父亲的叮嘱，好好干些名堂出来。

争作铁军马前卒

改革开放四十年，是中国铁路建设高速发展的四十年。目前，中国高铁通车里程跃居世界第一。这些举世瞩目的成就，让每一位中国铁路的建设者都倍感振奋与自豪。

石铁臣说，能够见证这个伟大的时代并且参与其中，是我们这一代人的幸运。自参加工作以来，他先后参加了宝成铁路复线、宝兰二线、武九线、哈大线、北京市轨道交通机场线、西安地铁、重庆蟠龙电站等项目的施工，做过铁路线路养护、钢筋加工、爆破工等多个工种，干过隧道、桥梁、涵洞等各种施工难度较大的工程类型。秉承着“勇于跨越、追求卓越”的企业精神，抱着“要做就要做好”的坚定信念，石铁臣在项目施工中边干边学，寻找着施展才华的机会。

2000 年到 2001 年，在宝兰二线隧道施工中担任爆破手的石铁臣，因为胆大心细、技术娴熟，经常能安全顺利地完成掌子面的爆破突击任务，被项目部评为“优秀员工”，被公司评为“优秀光面爆破突击手”。从此，他崭露头角，成为公司小有名气的技术型工人。

在后来的各个项目施工中，他经常会对钢筋绑扎、模板制作等工序，提出一些改进改良的合理化建议，大都被项目部采纳，从而多次荣获“优秀标兵”称号。

然而，工程建设中不只有荣誉和鲜花。在职业生涯中多次遭遇并妥善处理险情的经历，让他意识到工作不仅要掌握过硬的技术本领、积累丰富的现场处置经验，更要有一种冲锋在前、敢于担当的勇气与责任。

2011 年 11 月，西安地铁一号线项目部盾构区间隧道出现了涌水险情，情况非常危急。当时还在暗挖工区的石铁臣听到消息后，立即奔赴抢险现场。当时，隧道内的积水已经高达一米，需要安装水泵及时向外排水，否则积水漫过供电电缆，隧道就会断电，给下一步的抢险工作将会带来更大的难度。危急关头，他二话不说，第一个跳入一米多深、冰冷刺骨的积水中安装水泵。在他的感召下，项目部其他职工也纷纷跳入水中，以最快的速度完成了水泵安装工作。随着隧道内水位开始回落，他又组织工人准备砂袋，并趟水将装好的砂袋运送至堵水地点，为战胜这次突发的险情赢得了宝贵的时间。那一次，他在隧道内整整奋战了

24 小时。

在成功处置西安地铁险情半年后，石铁臣荣获“陕西省劳动模范”称号，这是陕西省委省政府给予一个陕西籍劳动者的最高嘉奖。

多年的磨炼和学习，让石铁臣化蛹成蝶，从一个完全不懂技术的学徒工成长为铁路工程施工的行家里手。从普通一员干起，做到班长、工程部长、作业队长，现如今，他是公司重庆蟠龙电站项目部的管理骨干。

石铁臣在项目现场

勇于革新创效益

在公司领导和工友眼中，石铁臣是公司的一块“宝”——爱干活、会干活，勤动脑、善动手。许多施工工艺和技术难题，经他一琢磨，往往化繁为简、迎刃而解。他在施工现场提出的许多巧办法、好办法，减小了施工难度，加快了施工进度，提高了工作效率，节约了施工成本，因此被大家亲切地戏称为“土砖家”，分开来写，就是土生土长的“石专家”。

在北京地铁机场线 04 标段暗挖区间隧道二次衬砌施工过程中，隧道二次衬砌所有的钢筋接头均采用接驳器连接。因二次衬砌结构底板和拱部分部施工的特殊性，针对隧道环形断面结构，他提出了环向钢筋一侧绑扎搭接、一侧接驳器连接的接头方案，并得到了设计单位的同意。此举提高了施工功效、保证了施工质量、加快了施工进度，使得整个工期缩短了两个月，为项目部节约成本21万元。该工程荣获“2007年度北京市市政基础设施结构长城杯金质奖”。

在西安地铁一号线朝康区间二次衬砌施工准备中，二次衬砌断面多达五种，且分布较散。如何采用最优化的施工方案，既能节约成本，又能减少施工工期呢？为此，他翻阅了大量的图纸，了解断面尺寸及分布位置，查阅相关资料，咨询经验丰富的专业人员，从台车加工数量、型式和施工方法、顺序的安排等方面着手研究解决方案。在项目部组织的二次衬砌施工方案讨论会上，他提出了具体的优化方案，得到了与会专家的肯定和一致好评，并在随后的施工中实施。此方案不仅提高了施工过程中的安全系数，还缩短了工期35天，比原方案节省了成本260万元。

2015年，“石铁臣劳模创新工作室”在西安地铁三号线项目部成立，他的信心更足了，干劲更大了，和工作室的其他成员一起，当年就优化了4项施工方案，其中《超浅埋盾构隧道保护施工工法》获得“陕西省职工先进操作法”，项目部也获得了陕西省“工人先锋号”“职工技协先进集体”等多项荣誉。

2016年，他响应公司号召，进入西南山区重庆蟠龙电站项目部。该项目地处山区，全线约10公里，其中隧道总长约6.01公里，由8条隧道立体穿插纵横交错分布。经过深入调研，次年在蟠龙电站项目部成立了“石铁臣专家型工人创新工作室”，来攻克隧道进洞、出洞频繁，开挖地质复杂多变的施工难题。先后顺利贯通1#、2#隧道，直到进入关键工程3#隧道。2018年8月，3#隧道进入洞口高仰坡施工，由于山高峻险、两侧临崖，无法设置安全防范措施，施工风险高、难度大；仰坡开挖高度近50多米，且边坡坡比为1∶0.3。在这种情况下，石铁臣坚信“只要精神不滑坡，办法总比困难多”。他多次召集技术骨干，通盘考虑，不断思索，研究路怎么开挖、机械设备怎么上、水电怎么接引、材料怎么送达目的地等工程细节，既要把安全风险降到最低，又要减少对环境的破坏。经过缜密思考，征询现场经理、技术人员及施工队伍负责人想法，集思广益，确定了具体的施工方案。下库作业队按照施工方案组织施工人员、机械设备进行施工，撸起袖子加油干，掀起了保证质量和安全的大干之潮。经过两个月的奋战，在 2018 年 9 月底安全拿下了 3# 隧道进洞的高仰坡施工，并于 2019 年 5 月 28 日提前到达上下库作业队会师点——3# 隧道三分之二里程桩号，为上下库全线贯通奠定了坚实的基础。为此，他还作了首打油诗：

座座高山耸入云，默默扎根在山林　旗帜引领勇担当，坚守红岩紧握枪
遇水架桥天地宽，开山辟路中铁人　勇于跨越求发展，追求卓越创未来
蓝天当做风雨棚，风吹日晒干不停　扯片白云擦擦汗，攀登天梯成习惯
我们施工为人民，满腔热血铸党魂　明天叶绿花儿红，无限风光在蟠龙

2018 年度，他被蟠龙电站建设单位评为“项目管理先进个人”。据不完全统计，他的一项项小创新小改良，这些年为企业和甲方节约成本达到数百万元，产生了良好的经济效益和社会效益。

导师带徒传薪火

石铁臣不仅注意自身技艺的提高，更是将自己的技艺及经验向徒弟们倾囊相授。近年来，他培养徒弟 10 余人，均已成为项目部的业务骨干，部分徒弟还走上了项目领导岗位。

徒弟王永亮现任中铁七局集团西安地铁四号线停车场项目常务副经理兼总工程师，高级工程师。在师傅的指导帮助下，多次获得省部级 QC 成果；2011 年完成的《西安地铁一号线 9 标盾构机下穿西安朝阳门外护城河老桥及城墙施工技术》获局级工法。王永亮于 2014 年、2016 年获西安市地铁公司“先进个人”荣誉称号，2017 年获陕西省“最美青工”荣誉称号。

徒弟张雷现任重庆蟠龙电站项目部副经理，工程师。2013 年、2014 年连续被评为河南城际铁路有限公司优秀建设者；2016 年度完成的《提高钢筋直螺纹套筒连接合格率》QC 成果荣获中国建筑业协会全国质量建设优秀 QC 小组二等奖、中国铁道工程建筑协会优秀 QC 小组一等奖。

多年来，他带出的徒弟们在西安公司的各个项目上取得了很多的成绩

石铁臣指导年轻员工

及荣誉。他们在工作中不仅学到和用上了师傅的手艺，也把师傅身上爱岗敬业、踏实肯干的精神传递给了更多的年轻人。在他和徒弟们的影响下，越来越多的青年技术人员正在自己的工作岗位上快速成长。

依靠工作中不达目标不罢休的拼劲、几十年如一日刻苦钻研的韧劲、一丝不苟善于创新的巧劲，石铁臣成为工匠精神在中国中铁人身上的具体体现。新时代要有新作为，新时代更需要踏石留印、抓铁有痕的实干家。愿更多的石铁臣们,在“交通强国,铁路先行”的新征程中撸起袖子加油干，一锤接着一锤敲，用奋斗加实干的精神，交出无愧于时代的答卷。

（作者：中铁七局　王晓冬）

『桃李不言　下自成蹊
——记“全国青年岗位能手”，高级技师郝利斌』

采访对象： 郝利斌，男，中共党员，1989 年 2 月出生，山西省左权县人，现任中铁六局太原铁路建设有限公司工程试验高级技师，中铁六局集团有限公司郝利斌技能大师工作室（工程试验专业）带头人，享受国务院政府特殊津贴。

他是一个真诚朴素的年轻人，忘我工作是他的状态！

他是一个踏踏实实的工程人，忠于企业是他的承诺！

他是一个勤于钻研的检测人，精益求精是他的坚守！

他是一个不断进取的带头人，创新超越是他的追求！

他叫郝利斌，享受国务院特殊津贴，全国青年岗位能手、中国中铁青年岗位能手标兵、中国中铁优秀团员、山西省杰出青年岗位能手，获山西省劳动竞赛个人一等功两次，郝利斌职工创新工作室、郝利斌技能大师工作室带头人，高级技师。

平凡岗位成工匠

在想象中，郝利斌应该是清新俊逸、善于表达的人，但与他初次接触时的印象却是：一身洗得掉色的工作服，带着黑边眼镜，不善言辞，朴朴实实，无比专注地盯着仪器，做着研究。就是这么一位普通得不能再普通的年轻人，在他的身体里到底蕴藏着多大的能量，能在如此平凡的工程试验检测岗位上干出如此不平凡的业绩来?

1989 年，郝利斌出生在山西省左权县一个普通的农民家庭。2012 年，23 岁的他从中北大学无机非金属材料工程专业毕业后，走进了一家大型建筑施工企业——位于太原市的中铁六局集团太原铁路建设有限公司，当上了一名普通的试验工。

漫漫七年的试验路，他始终铭记师父所说“经历是自己永远的财富”，凭借过硬的专业知识和对检测事业的热爱，积极投身于工程检测，“诊”工程质量，“治”工程病害，完美演绎了工程建设“医生”的角色。他就像一颗永不生锈的螺丝钉，就这么钉在自己的工作岗位上，带领他的团队攻克了多项施工技术难题，时刻为工程质量保驾护航。

汗水浇筑育果实

本科文化水平的郝利斌，只是一名普通的试验工，是怎么创造出人生辉煌的呢？靠的是就是雷锋般的“钉子”精神，靠的就是焦裕禄式的奉献精神，坚持专注、专心、专业。7 年来，他以不畏艰难、勇往直前的拼搏精神，

郝利斌现场检测无砟轨道支承块

带领团队攻克一个又一个难关，登上了一个个人生的台阶，创造出一个个普通试验工很难创造出的成果。

顶升钢管拱级配钢纤维混凝土配制及施工技术——在进行主跨长度为356.8米（同类结构铁路桥中单跨长度世界第一）的准朔铁路黄河特大桥钢管拱顶升混凝土研究时，钢纤维混凝土顶升施工面临灌注方量大、顶升高度高、作业场地狭小、日气温变化剧烈等诸多不利条件，顶升混凝土的性能成为关系工程成败的决定性因素。在外援高校研究机构因难度过大退出的时刻，郝利斌团队勇敢地站了出来，接受了这个艰巨而光荣的任务。一个个无眠的夜晚，只为能将配合比优化到最佳的工作状态；一滴滴挥洒的汗水，换来了胜利的果实。经过上百次的混凝土室内拌合试验和现场模拟顶升试验验证，所配制的顶升混凝土各项性能均满足施工要求，性能稳定，安全可靠。“顶升钢管拱级配钢纤维混凝土配制技术”解决了钢纤维混凝土的流动性以及长时间保持性的难题，属于国内首创，其《级配钢纤维顶升混凝土及其制备方法》获得国家发明专利。

在黄河特大桥顶升混凝土施工阶段，团队成员既兴奋又紧张，他们深知更艰苦的工作才刚刚开始，混凝土的拌和、放料，泵车的喂料都需要掌握最佳火候。郝利斌带领他们一干就是72小时，但没有一个人抱怨、逃避，

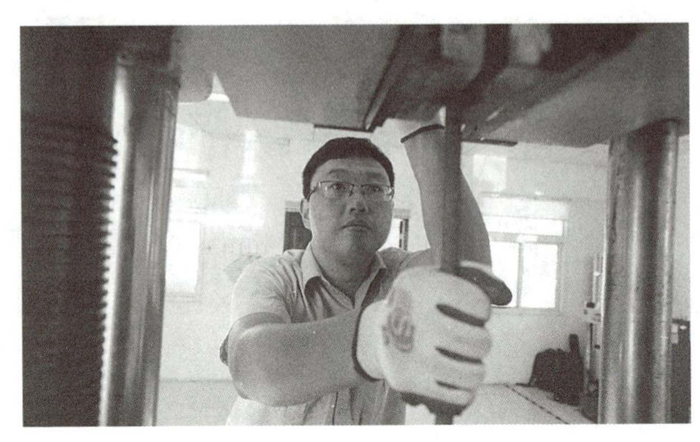

郝利斌核查钢筋力学性能

他们深知自己的使命，不敢有任何松懈，直至最后一根拱顺利顶升完毕。同时，《钢管拱泵送顶升大掺量级配钢纤维混凝土生产工艺》获得中铁六局集团有限公司科技进步特等奖。

独创特大倒虹吸箱涵裂缝修补工艺——在攻克南方地区特大倒虹吸箱涵混凝土因结构裂缝漏水难题时，他突破常规修补方式，以“堵”“支”“缝”巧妙结合，即：用防水材料对裂缝进行堵漏，对症下药，根据裂缝的深度、宽度选用最适宜的防水材料进行全面封堵，保证阻断倒虹吸箱涵向路基本体的透水通道；以地基注浆加固对倒虹吸箱涵主体进行支撑，通过配制水泥浆液、调试注浆压力、测算注浆间距、把控注浆效果，显著地提高了地基的承载能力，为倒虹吸箱涵的稳健服役提供了坚强的后盾；对倒虹吸箱涵开裂部位使用高性能混凝土进行缝合加固，通过对倒虹吸箱涵开裂部位的混凝土进行开槽处理，加设钢筋网片并以高流态、高强度、高耐久等特性的混凝土进行浇筑，保证了倒虹吸箱涵的整体完整性。该倒虹吸箱涵裂缝的成功修补，极大地减少了其拆除重建对当地农田灌溉的影响以及对自然环境的破坏，节约费用百万余元，同时形成的《富水地区箱涵开裂综合治理的施工工法》被评为中铁六局局级工法，为同类工程施工提供了宝贵经验。

敬业担当揭奥秘

一个普通的试验工，没有三头六臂，没有特异功能，何以能在这类高深技术上得心应手、游刃有余甚至创造奇迹？探其究竟，成功的秘密何在？

“钻”——在进行目前国内直径最大的混凝土管片抗拔装置设计时，他带领的团队仅仅用了7天时间，就绘制出了50多张草图，设计出了6个方案，开启了“大直径管片抗拔装置”自主设计之路。经过15天的反复推敲设计，抗拔装置1.0终于以产品的形式制造了出来，可是管片连接处的螺栓由于角度问题，很难使夹具卡在螺栓上。作为团队核心的郝利斌一连三天没有合眼，红血丝布满了眼球，人也瘦了一大圈，他在电脑上一遍遍地查阅原始资料，发疯似地寻找症结所在……就这样，第16稿、第5次试制后，国内直径最大的混凝土管片抗拔装置终于顺利投入使用，这块硬骨头终于被郝利斌啃下了！就是凭着这股钻劲，郝利斌没有越不过的大山，没有攻克不了的难题。

郝利斌现场检查混凝土管片尺寸偏差

“专”——中北大学无机非金属材料工程毕业的他，始终秉承“致知于行”的校训，将自己的所学应用到工作实践中。在检测工作中，他始终以透彻剖析材料的本质为出发点，知其性，用其优，弃其糟，将各种材料应用到极致。

以娴熟高超的技艺把控材料质量，有效保证了工程的施工质量；以“斤斤计较”的理念进行混凝土配合比设计，为公司节约了大量的施工成本，正如他说的“检测工作虽然不在前台露面，不在现场指挥，但我们的工作却在控制工程质量、降低工程成本中发挥着举足轻重的作用啊！”

“担”——“不经一番寒彻骨，怎得梅花扑鼻香”！亲力亲为早已成为他的名片，在“阳安梁场部级鉴定战斗”中，光是混凝土试块，每天就要做六十多组，一组3块，一块17斤，一天便是1700多公斤试件，装模、拆模、搬运、养护、压试……吃饭时连拿筷子的手都是发抖的。在“阳安梁场”战场上，无数个不眠之夜，只为能将试验做到万无一失。正是这无畏的奉献精神，正是这无私的担当精神，使郝利斌不断创造佳绩、不断续写辉煌，以新时代的“高、富、帅”名震四方：“高”即技能水平高，“富”即理论和经验储备丰富，“帅”即工作干净利落、潇洒帅气。

无悔青春铸忠诚

中铁六局集团有限公司，一个重视人才培养的特大型建筑施工企业，有着一个重视人才培养的领导团队，一旦发现了苗子，就会为其提供平台、创造机会，不计成本地把人才培养成为出类拔萃的企业骨干。多年来，已培养出一批又一批工程试验高级技师、技师。作为郝利斌创新工作室、技能大师工作室的负责人，郝利斌更是培养人才的高手。他经常鼓励徒弟们参加技能竞赛，他说：“比赛是最能锻炼人的，我就是这样走出来的。”2015年，他参加了中国中铁第十四届青年技能竞赛工程试验技能大赛，获得了团体第一名、个人第二名。那次获奖，得到了企业领导的认可和褒奖，也让他从此更加热爱自己从事的试验检测工作，决心把这项工作做得更好。郝利斌精益求精的工作作风，也体现在“带徒传技”上。他根据徒弟的自身素质及知识掌握情况，有针对性地确定培训计划和内容，结合工作“一对一”、“手把手”地传授技艺，确保每周有计划、有实施、有总结、有改进。

郝利斌技能大师工作室、创新工作室成立以来，先后完成了《铁路盾构大直径管片制造技术研究》《一种自动控温固体软塑沥青取样器》《一种可调角度的大直径管片抗拔仪试验装置》《一种混凝土立方体抗压强度试验快速几何对中装置》《通过合理测温控制墩身混凝土温度裂缝施工工法》《富水地区箱涵开裂综合治理的施工工法》《隧道地段双块式无砟轨道施工工法》《大直径盾构管片全自动蒸养施工工法》《超声波检测地铁地下连续墙施工工法》《城市明挖铁路隧道衬砌混凝土冬季施工工法》等课题、工法、专利的研发，并获得国家实用新型专利三项、中铁六局集团有限公司科技进步一等奖一项、山西省省级工法两项、中铁六局局级工法五项、中国公路建设行业协会科技进步二等奖一项。所有成果均应用于工程建设，为工程施工的顺利推进提供了科学的依据，为工程质量的安全可靠奠定了坚实的基础。通过成果转化，为公司节约了大量的施工成本。

郝利斌以自己的匠心传承，将多年积累的经验毫无保留地传授给青年员工，逐步搭起了工程试验技能人才梯队。在他的培养下，一大批年轻的试验技能人才脱颖而出，为企业的可持续发展提供了技能人才保障。郝利斌就是以这样坚不可摧的信念和忠诚，为中国铁路建设事业奉献着。

作为一名试验工，他坚守着自己的责任，长年累月地钻研着、耕耘着，将自己的生命连接着企业的兴旺、连接着国家的富强，将自己的梦想紧紧贴在伟大的中国梦上。

郝利斌为新员工讲解操作要点

作为一名技术带头人，他像一支蜡烛，点燃自己的同时，照亮了他人，将自己的那份光和热，融入他的团队，融入他饱含深厚情感的企业，凝聚成了巨大的科技创新能量。

作为一名基层党员，他坚守着理想和信念，把自己锤炼成了一名钢铁战士，敢打硬仗，善打胜仗。他也把自己的徒弟培养成了光荣的共产党员，让党的基层组织不断吸纳新鲜血液、焕发无限活力。

党的十九大，习近平总书记对我们青年人的殷切期望言犹在耳："广大青年要坚定理想信念，脚踏实地，勇做时代的弄潮儿，在实现中国梦的生动实践中放飞青春梦想，在为人民利益的不懈奋斗中书写人生华章。"多年来，郝利斌攻坚克难、传技带徒、发明创新，丰富了"工匠精神"的深厚内涵。这就是中铁六局的青年人，从老一辈手中接过强国兴企的大旗，跟随前辈们逢山开路、遇水架桥的步伐，在平凡朴实的工作岗位上将"勇于跨越、追求卓越"的企业精神演绎得熠熠生辉！

（作者：中铁六局　李俊宏）

『扎根铁路三十载　甘将青春吐芳华
——记“中央企业先进职工标兵”，中国中铁特级技师沈廷山』

采访对象： 沈廷山，男，中共党员，1970 年 4 月出生，山东省济南市人，现任中铁十局电务公司电务第二项目部高级技师，中国中铁首批命名的劳模（专家型职工）创新工作室（信号专业）带头人，中央企业先进职工标兵。

一身洗得发白的工作服，脚穿解放牌电绝缘鞋，头戴安全帽，身背工具箱，在向前延伸的铁路沿线上边走边查看，直至身影消失成一个点……平均每天近 20 公里的巡检，这一走就是三十余年。三十年，只有初中文化的他，通过自学取得大专学历，从一名普普通通的信号工成长为铁路信号高级技师；三十年，坚守在铁路一线的他，从蒸汽火车到内燃机车、电力机车，再到高铁动车，如成千上万的铁路建设者一样，在改革开放的历史浪潮中诠释着不畏艰苦、坚韧顽强的拼搏精神，在平凡的岗位上默默奉献，见证了中国铁路从“普通”到“高速”、从“引进来”到“走出去”的发展历程。

他，就是沈廷山，中铁十局电务公司一名铁路信号工。自 1987 年参加工作成为施工队一名信号员以来，30 多年如一日，他扎根一线，先后参与完成京九铁路、京沪铁路、胶济铁路、阜淮铁路、济青高铁等多项国家重点工程的新建、改扩建施工；他精心育人，先后为企业培养项目经理、副经理、技术主管等岗位人才累计近 30 余名；他勇于创新，只有初中学历的他先后完善“电源线绑把”等 7 项施工工艺，创新“方向滑轮拉电缆技术”等 3 项技术,完成《提高室外箱盒配线工艺质量》等技术课题 10 余项，成立的“沈廷山学习工作室”荣获中国中铁职工（劳模）创新工作室称号；他爱企胜家，在他心里，企业为重，家庭为轻，工作最重，名利最轻。他用执着的信念默默奉献，坚守着对企业的忠诚。

正是凭着三十余载的执着坚守，沈廷山先后荣获“首席职工”“金牌职工”“中国中铁劳动模范”“中国中铁十大专家型工人”“山东省富民兴鲁劳动奖章”“山东省第十八届职工职业道德建设标兵个人”“中央企业先进职工标兵”等荣誉称号。光环下的他,一如既往的谦虚和低调,在他身上,我们看到中国中铁人的艰苦奋斗、甘于奉献、善于钻研和勇于担当。

肯干善钻的“小墩子”

刚参加工作时，干了一辈子铁路信号工的父亲叮嘱他:“一要听党的话，干活不要讲条件；二要确保安全；三要学好技术业务”。

项目部老职工毕研校至今还记得三十年前的那天，所在工班分来一个稚气未脱的孩子，个头不高，长得墩墩壮壮的。刚安顿好宿舍，他就主动加入到铆接道岔钢管的队伍中，抬枕木、拉道岔、扛钢管，忙得不亦乐乎，干得有板有眼。有些动作熟练的程度，让比他早上几年班的职工都自叹不如，看来这个“小墩子”还真有些“眼力劲儿”。一天劳累的工作结束后，老职工都去一边喝酒打牌了，而他却倚在床边津津有味地研究刚刚借来的电锁器原理资料。

三十多年来，沈廷山积累了满满一箱的笔记本，记录了他从普通工人成长为高级技师的奋进历程。他先后自学了《铁道信号基础》《计算机联锁系统技术》《铁道通信信号》等专业课程，从电锁器联锁到电气集中、微机联锁，从普通道岔到提速道岔，从单线区间半自动闭塞到复线区间四信息、18 信息和 ZPW–2000A 移频自动闭塞、车站 1050 股道延长、驼峰自动化改造、电气化改造……每个时期的信号制式，他都写在纸上、记入心里、应用到实际中。他的笔记通俗易懂，成了项目部职工争相借阅的“操作宝典”。

职工眼中的“大本事”

每当遇到急难险重工作，都能听到沈廷山那句经典的口头禅：“我先上”。大伙依然记得菏兖日铁路临沂至朱保段电化改造工程建设过程的艰辛不易。受封锁要点多、劳务工麦收、石质地质等不利条件影响，前期电缆工程进展缓慢，后续工作无法开展。七八月份的沂蒙山区被 30 多摄氏度的高温所笼罩，热得让人喘不过气来，更不要说去开挖石质地段的电缆沟了。为保证完成每天 5 公里的石质沟开挖任务，他租赁了 10 台风镐，带领劳务工“开山”。“我先上！”在劳务工面对困难止步不前的时候，沈廷山这句话让大家警醒而震动。烈日高照，热情不减，风镐一握就是五六个小时，汗水浸透了工作服，整个人如同从水里出来一般，几近虚脱，他也毫不在乎，不肯到树荫下多休息一会儿，猛灌几大口淡盐水，再次冲到了最前面。就这样，沈廷山的团队一干就是十多天，手掌磨出了血泡，血泡磨破后流出了血水，就用纱布包上接着干。在他们的感召下，项目部在三伏天掀起了大干热潮，最终顺利挖通了电缆通道，如期实现了开通送电目标。

沈廷山现场操作电缆箱盒

和老沈一起工作十多年的李进庭，说起“沈大本事”，印象最深的是在 2012 年 9 月新沂站联锁大修的时候。两个月工期，繁忙干线每次封锁要点仅有 2 小时时间，施工中要割接信号电缆 51 根、冷压接续信号电缆接头 102 个、芯线接续 3500 条，不但要将过渡电缆引入，还要保质保量地完成接头……为保证压接的稳、准、快、优，他利用工余和晚上时间，带领职工持续学习“免维护型地下电缆接续盒”接续技术，不断进行电缆接续练习。要点时，他带领大家在施工前先将正式及过渡接头的一端完全做好，待给点后，迅速将另外一端进行压接，这样不但加快了工程进度，还确保了接续质量。参加电缆割接施工后，李进庭激动地说：“信号电缆接续作业原来两个人需要一个半小时完成，现在最多只需要半小时，这都是老沈的大本事！”

要点期间四天四夜，他只睡了不到 15 个小时，巨大的压力使他忘记了疲惫、忘记了吃饭、忘记了休息，送来的饭菜变得冰凉才想起要填几口攒攒力气。终于，2012 年 11 月 8 日，陇海线新沂联锁大修工程顺利开通。徐州电务段段长刘宝平不住地赞叹："老沈带的队伍是一支敢于应战、善打硬仗、能打胜仗的优秀队伍，有他在，我们放心！"

沈廷山现场测量

敢于创新的"巧工匠"

项目部党支部书记高继成介绍说，三十多年的工作积累和技术磨炼，沈廷山对铁道信号专业知识的掌握及操作已达到了行业内顶尖水准。在连云港电化改造工程施工中，他总结出"侧面绑把""电源线绑把"等 7 项施工工艺，改进的"免维护型地下电缆接续盒"接续方法，整体施工效率比原来提高了约 30%。在京九线电气化改造工程中，他先后发明了方向滑轮拉电缆技术等 3 项革新技术，将工效提高了近三倍，为企业节省工费和材料费 100 余万元。在徐州枢纽应急改造信号工程中，他主持的《消除信号电缆绝缘不良问题》课题，攻克了信号电缆绝缘不良的惯性问题，使整个徐州枢纽 340 条公里站内信号电缆绝缘不良降为零，杜绝了因此造成的经济损失。他带领技术人员针对室外箱盒工艺进行科技攻关，攻克《提高室外箱盒配线工艺质量》等十余项技术课题，室内、外标准化施工工艺吸引了参建的多个单位前来观摩学习。

2012 年 3 月，他带领项目部 11 名技术骨干成立了“沈廷山学习工作室”，先后取得“既有机械室内安装组合柜施工工艺”等十余项成果。其中，“ZYJ7 电液转辙机安装调试施工工艺”获得 2014 年中铁十局科技成果第二名、中国中铁优秀科技成果奖、山东省优秀科技成果奖。为帮助工作室成员和徒弟们快速成长成才、迅速成为骨干，他翻出之前的笔记，结合自己多年来的施工经验编写了《复式交分道岔安装装置流程》《信号施工常见故障处理办法》《新进职工实作培训教材》等讲义。这些讲义源自现场、通俗易懂，目前已成为公司各项目部、班组的必备教材。

同时，他还注重发现人才、选拔人才、培养人才，激励公司广大职工学技能、练本领、提素质，持续改进施工工艺，全面提升产品质量。他曾多次担任项目部技能大赛信号专业实作指导老师，认真做好指导实践工作。4 年来，职工工作室共组织技术比武、技术培训、实做演练 80 余次，先后为公司培养局优秀工程技术人员、公司优秀项目经理、总工、技术部长、星级职工、首席职工等 50 余名。

2013 年 10 月 28 日，沈廷山工作室被中铁十局命名为首批“金牌职工学习工作室”。2017 年 5 月，该工作室被中国中铁命名为首批“劳模(专

沈廷山现场指导年轻员工

家型职工）创新工作室”。“自己参与的工法成果又应用到施工生产，每当看到高速列车平安顺利通过，小伙计们披红戴花站在领奖台上，就觉得自己的付出没白费，这些年干的值了”，沈廷山说起工作室憨憨地笑道。

顾不上家的“大忙人”

家，于他，是内心的归依，但更多的是愧疚和歉意。2014 年宿淮铁路淮西站开通要点期间，父亲先后两次因脑梗塞住院急救。多年在施工企业工作的父亲和十分了解自己的妻子深知沈廷山在一线施工的不易和艰辛，妻子在父亲病情稳定出院后才告诉他。得知这一切后，沈廷山潸然泪下，一时间愧疚、自责、不安齐上心头，那一刻，他恨不得立刻奔赴家中，看父母一眼。他擦干泪水，对着电话那头的父亲说：“爸，等我忙完这段时间，就回去看您……”

“只要我能扛下去的，就绝不打扰他工作。”沈廷山的妻子总是这样说。2015 年 6 月，正当沈廷山奋战在青岛北客站电化改造施工的关键阶段，他的姐姐患直肠癌入院治疗，然而不巧，岳父患胃癌也要紧急办理住院。这一次，妻子依然没有告诉他，而是把父亲和姐姐安排到一个医院里一起照顾，为的就是不打扰老沈的工作，不给他增添麻烦。

“父亲老叮嘱，工程单位出来干活，卖的就是手艺，交出去就得是精品，不能有一丝马虎。这些年，幸亏家人理解和支持，真觉得亏欠他们很多……”老沈说着说着，眼角的泪花在眼眶里直打转。眼前这一幕，使人不再忍心直视他那黝黑的脸庞。在他心里，他爱家庭，却始终以企业为重、工作为重。他用执着的信念，默默地奉献，坚守着对企业的一片热忱。多年的平凡坚守、无私付出，使他收获荣誉无数，但他总说荣誉只能说明过去，总感觉时间不够用，还有好多事没有做好。

2018 年 6 月 17 日是父亲节，因工地施工紧张，他还是没能回家。女儿发来的祝福贺卡对他来说就是最大的慰藉和理解。“小时候，老问妈妈，爸爸去哪儿了，老不回来陪我玩。妈妈总说，您工地忙，等忙完了这阵子就回来了。上学后，学校开家长会，您也很少能来。印象中，您总是一直在忙，一连好几个月都见不到身影，即使偶尔回家也总是来也匆匆、走也匆匆。长大后，才逐渐明白您确实很忙，这开通，那要点，整天夜以继日、不辞辛苦奔波在铁路建设工地上，一根根细芯线，一架架信号机、一个个工程开通勾画出一幅幅中国中铁人爱岗敬业，无私奉献的最美画卷。爸爸，您用三十余年的芳华诠释了什么是坚守，您用三十余年的青春阐述了什么是最美，您虽平凡，但平凡中彰显出您的伟大，女儿以您为荣，为您自豪。父亲节到了，知道您在工地挺忙的，照顾好自己，祝您工作顺利！”

憨厚朴实，默默奉献，在他身上，我们看到了一个个沈廷山似的中国中铁人不懈坚守的执着信念，还有那一腔热血迸发出的不竭力量。三十年艰苦磨砺，三十载春华秋实，他将责任和使命化作坚持的动力源泉，诠释着当代产业工人扎根一线无私奉献的伟大品格。

（作者：中铁十局　程璐、吴春明）

『顶管达人　专利大拿
——记首批“上海工匠”，中国中铁特级技师李增红』

采访对象：李增红，男，1972 年 6 月出生，河北省霸州人，现任中铁上海工程局集团市政工程有限公司水务环保工程技术研发中心高级技师，上海市“技师创新工作室”带头人，曾获得“上海市劳动模范”荣誉称号。

初见李增红，实在很难让人将他与“技能大师”这几个字联系在一起，但就是眼前这个憨厚朴实的中年汉子，从业 27 年来，辗转于铜陵、昆明、长沙、合肥、南京、上海等二十多个顶管施工现场，在无人知晓的地下深处开辟了一条条长龙般的顶管管道，打通了无数城市的地下血脉。

虽然已经拥有以自己名字命名的电工技能大师工作室，手中诞生了 4 项国家发明专利、7 项国家实用新型专利，但面对工作时，他却没有一点大师的架子，依然和过去一样，戴着安全帽，挎着电工包，在地下管道深处一待就是几个小时。

他坚守一线 27 年，兢兢业业、一丝不苟，勇于探索、矢志创新，荣誉自然不期而至。

先后荣获局“十大杰出员工”（两届）、中国中铁“劳动模范”、中国中铁“十大专家型工人”等荣誉称号。

2014 年，成功当选中国铁路工会第十四次全国代表大会代表。

2015 年，荣获“上海市劳动模范”殊荣。

2016 年，成功入选首批“上海工匠”。同年，以他名字命名的科技创新工作室成功入选为上海市总工会评选的“技师创新工作室”。

2017 年，工作室入选上海市建设交通工会评选的劳模创新工作室，同时还入选首批中国中铁劳模创新工作室。

2018 年，他当选为上海市第十四次工代会代表。

执着学习的钻研者

平实的语言，和煦的笑容，生活中的李增红亲切随和，对待工作却有着一股执着的劲头，也正是这股劲儿，让他一步步走来，有了今天的成就。

1991 年，怀揣着建设祖国的梦想，从技校毕业后的他追寻父亲的足迹加入建设大军，成为工地上的一名普通电工。当时，国内顶管施工方兴未艾，从踏入工地那一刻起，他就被先进的顶管掘进机所吸引。由于所学知识有限，对于顶管施工，李增红是个门外汉，但他有着一股子执拗劲，为了弄懂顶管施工原理，当别的工友在忙完施工任务都选择休息的时候，他却独

上海市劳动模范李增红

自跑到项目技术部打下手，利用空隙时间向技术人员请教顶管施工问题，边看边学。夜深人静的时候，他则把自己关在屋子里研究施工图纸，消化吸收当天学到的顶管知识。

机会总是留给有准备的人。在南京江心洲顶管施工中，由于土层变化导致顶管机头上扬，严重影响顶管掘进精度。在土质和场地都不允许开挖的情况下，他大胆提出四项改进方案，得到项目经理和总工的认可，有效解决了纠偏问题，使顶管机头以最小的偏差顺利进入接受井，确保了工程如期完工，还直接节省费用 40 万元，让工友们都对他刮目相看。

“每天多学一点，笔记多记一点，工作就能多会一点。”这是李增红常挂在嘴边的一句话。二十多本工作笔记、近 20 万字学习心得和上千份技术设计草图，正是凭着这种苦心钻研的劲头，他逐渐成长为工地上首屈一指的技术大拿。2010 年在昆明明通泵站联动施工时，他发现离心水泵运转出现异常，需要紧急叫停。当时，德国制造商现场代表捣鼓半天，急得满头大汗，也无法排除故障，只好提出返厂维修的建议，但返厂意味着泵站通水的工期将严重滞后，会给项目带来重大损失。紧急关头，他站了出来。39度的高温下，他一个人躬身在狭窄的作业间，对机器进行全方位检测。一次次拆装、一次次检测，最终将问题锁定在了软启动器内部模块上。随后，他向制造商代表翔实说明了故障情况，现场代表立刻与上海总部沟通，当天总部专门将配件送往昆明，使问题最终得到解决。那一刻，德国制造商现场代表向李增红竖起了大拇指，激动地对在场的业主和监理说："中铁有高人！"

随着城市发展需要，顶管技术在城市管网建设中的作用越来越大，随之而来的是顶进距离的增长、顶管管径的增大、施工难度的增加，这让仅有技校学历的李增红明显感觉到自身知识的匮乏。一向不服输的他决定利用在工地的业余时间参加机电一体化专业的成人自学考试。此后，《现代非开挖工程机械》《顶管和微型隧道技术》《顶管施工技术及验收规范》等书籍成了他的床头书，陪伴他度过了工地上的日日夜夜。在工作中，只要自己拿不准的，他都主动向总工和技术人员请教，直到搞懂为止。在家休假，他也经常利用电脑查阅技术资料，爱人常常打趣他"把学校都搬到家里来了"。除了不断自我学习，他还热心于"传帮带"，言传身教，毫无保留地将技术经验教给年轻人，他带的36名徒弟，如今都已成长为工程项目的技术骨干。

矢志创新的先行者

在项目施工过程中，李增红不仅以专业技能为项目施工保驾护航，更以自己过硬的技术专长，针对项目施工中的实际问题，攻坚克难、创新创效，在给项目带来可观的经济效益的基础上，以优质的施工效果赢得了业主的赞誉和良好的社会声誉。

2007年，公司承建了当时国内最大直径顶管——上海市青草沙水源地3.6米顶管工程。在当时，超大直径、超长距离顶管技术在国内尚处于探索阶段。供电系统、测量系统、注浆系统开发是顶管施工中的三大关键性难题。他主动请缨，参与到这三大关键性难题的技术攻关之中。

为解决顶管机头长距离供电衰竭问题，他凭借多年的电工经验，以煤矿供电系统为蓝本，首次提出在顶管施工中使用"升压——输电——降压"

李增红在现场检修仪器

的供电办法，本来需要碗口粗的三相电缆，最终只需一根擀面杖粗的电缆即可满足供电条件，不仅攻克了长距离顶管供电电压降问题，而且利用现有技术条件从根本上解决了 ABB 变频器与供电系统兼容问题，直接节约电缆费用约 80 万元。《顶管机电压升级改造技术》荣获了 2015 年职工科技创新奖，李增红个人喜获第十届“上海市职工技术创新能手”称号。

在顶管测量过程中，项目研发小组碰到了供电难的问题，正当大家一筹莫展的时候，他又站了出来，深入到地下二十多米的顶管施工深处查看供电线路，几番摸索，最终利用自制装置，在顶管任何位置都能从 36V 的电压照明系统中取电，一举攻克了测量供电难题。

在自动注浆系统攻关中，他负责信号传输系统，而只有技校学历的他对 PLC 编程技术并不熟悉，于是他拿出死缠烂打的劲头，一方面每天坚持查阅相关资料，向海绵一样汲取着知识，另一方面则每天缠着 PLC 技术编程人员，把自己对自动信号系统的新思想新办法传递给技术人员，解决软件系统辨别信号传输过程中潜在问题，保证系统安全可控。在设备安装过程中，为得到施工第一手资料，他充当安装“班长”的角色，在地下二十多米的狭长管道空间里，在潮湿、闷热、空气污浊的恶劣环境下，一干就是三天三夜，直到整个系统调试完毕。自动注浆系统启用后，过去需要至少三名工人完成的注浆工序，现在只需要技术人员在管道外按下操作按钮就能完成。

顶管施工机头安全非常关键，但机头内电缆电源接头的插接件易受热损坏造成停机停产，工期和安全风险高。针对机内主电缆电源接头的插接件易损坏需要随时更换、而插接件当时国内只有一家生产且价格很高的情况，为了延长使用寿命，他采用了钳压接法并配合使用电力复合脂的办法。经过多次试验，该方法从根本上解决了插接件发热问题，大大延长了插接件的使用寿命。经过这一成功试验，他又举一反三，在导线接头、开关刀片、断路器等部位也推广使用,效果很好。特别是在交流接触器上改装使用，可将使用寿命增加3~5倍，不仅减少了维修次数节约资金，更为工期与安全生产提供了保障。

俗话说,电机不分家。二十多年的电工生涯,不仅锤炼了他的电工技能，也让他深谙机械之道，拥有了一双“巧手”。

这双“巧手”，通过加装重锤式限位器吊钩，将旋钮控制台改装为联动控制台，有效避免了吊钩上卷过程中的“冒卷”问题。

这双“巧手”，通过设计制造“丁”字型四轮活动小车，加快了玻璃钢加沙管安装速度，缩短工期一个半月。

这双“巧手”，通过给机头内部自行设计并安装小型自动抽水装置，以水位传感探头自动控制水泵的启动与停止，达到排水目的，保证了机头内电气设备的安全。

这双“巧手”，利用离心式除尘机工作原理，设计安装离心式锥底型泥水分离罐，使泥沙和泥水分离开来，泥沙通过锥底的排泥口排出，直接排放到运泥车中，一改过去停机运泥的做法，工效比以前提高了三分之一。

这双“巧手”，通过安装画面分割器，使用一个监视器就将顶管内部所有摄像头的传输信号呈现在一个屏幕上，大大减少监视器的数量，实现了施工过程的全面监控。

李增红不仅有一双巧手，更能经常提出一些“金点子”。

随着国内超大直径、超长距离顶管技术的广泛使用，超大口径的掘进机自重过大，运输吊装极其困难的问题凸现出来。公司决定让他参与到顶管机分解技术攻关之中。他大胆提出了模块化的构想，让顶管机得以划分为前段动力、中段纠偏、末端电器三个模块，大大减轻了掘进机的自重，且各模块间的拼装误差仅在 1 毫米以下。由于模块化设计，各种设备便于拆卸，使得泥水平衡与土压平衡能够相互转换，大大节省了顶管机的安装拆卸时间，顶管机适用性难题得以解决，收到了一举两得的良好效果。

倾情企业的奉献者

工作中的李增红兢兢业业，取得了许多重大成就，却是妻子眼中的工作狂，孩子眼里的“陌生人”。

家本来是爱的港湾，但是工作二十多年来，李增红在家驻足的日子屈指可数。

在妻子黄治荣眼中，李增红的内心有两种爱：一种是对企业的忠诚，对技术的执着，对工作的热爱；另一种是对家庭的留恋、对家人的眷恋、对长辈的孝顺。但当这两种爱交织碰撞时，在李增红的心中——大爱永远是第一位的。

常年的顶管施工作业，湿热的环境，让李增红的腰部、腿部都落下了不同程度的病症。为此，爱人特意托人从国外带药回来，但回到工地后，一忙起来他就常常把吃药的事忘在了脑后，妻子只好每天打电话细心提醒。

在年过古稀的老父亲眼中，儿子顾大局、讲规矩，做事一丝不苟。2009 年 9 月，父亲突发心脏病住院，为了不让儿子分心，在进手术室前叮嘱家人千万不要把自己住院的消息告诉儿子，因为他知道，儿子的工作与电打交道，不能有丝毫分心。直到两个月后父亲出院，妻子才告诉了他真相，这也成为了李增红心中永远的痛。

在孩子眼中，爸爸就是一个忙碌的身影、一个熟悉的声音、一个妈妈嘴中时常提起的“名字”、一个每次回家都会从背包里拿出玩具逗他开心的“陌生人”。出门在外，他最放心不下的就是孩子。孩子自幼就患有斜视、弱视，医生建议手术治疗。一年暑假，他正好在昆明工地现场，特别希望妻子能够带着孩子来昆明做手术，这样儿子在做手术时，他也可以抽空照

李增红（右一）对现场管理人员进行技术指导

顾一下。几天后，妻子带着儿子真的来了。但事与愿违，他前脚刚迈进医院大门，项目经理就打来电话。妻子只好一个人忙前忙后，加上在昆明人生地不熟，走了许多弯路，多年积攒的怨火终于爆发：“项目部离开你一个还有其他人，但咱们的孩子只有一个！”当孩子被送进检查室的那一刻，妻子无助地瘫坐在楼道角落里泪流不止。

在回去的路上，想到明通泵站正处在大干期间，电气设备安装进入最后的调试阶段，工地离不开他，一向心疼丈夫的爱人，在权衡利弊后最终放弃了让孩子在昆明做手术的打算，决定选择离家最近的武汉。无奈的李增红满脸愧疚地拉着孩子的手，默默看着妻子流着眼泪收拾着回家的行李。

对此，他也常深怀愧疚，总希望有朝一日好好回报照顾他们。李增红常说：“在这个岗就要操好这份心，我只有把这种歉意和愧疚化作动力，那么才无愧于企业、无愧于家人。”

也许李增红的业绩并没有那么轰轰烈烈和惊天动地，但在近 30 载的岁月中，他以攻坚克难、任劳任怨的爱岗敬业精神一路前行，为企业发展奉献了自己全部的力量，也树立了一座模范精神的丰碑。

（作者：中铁上海局　任润）

『匠心筑梦十三载
——记“全国五一巾帼标兵岗”获得者，技师王艳鸽』

采访对象： 王艳鸽，女，中共党员，1987年7月生，大专学历，河南平顶山人，2006年3月参加工作，现任中铁武汉电气化局一公司技师、女子突击队队长、湖北团省委兼职副书记。

王艳鸽，是中铁武汉电气化局信号女子突击队的领头羊，是第六任女子突击队队长，是从劳务派遣工转正后被评聘的技师。工作 13 年，她先后参与了武广、京九、浙赣、集贲、大秦、广深、兰新、洛张、贵阳枢纽、娄邵、兰渝、合芜、汉十等国家重点铁路工程建设信号施工，带领着一队娘子军活跃在已不多见女性的千里铁道线上。作为党员科技创新的典范，她主持编写了《叠加电源法查找接地故障控制电路》《既有线信号自动化控制系统接地故障查找电路》《提高区间 ZPW-2000A 参数测量准确率》等多项工艺，并荣获多项国家专利，成果创效数百万元；她参与施工的所有项目，没有发生一起信号安全事故，保证了列车安全运行。

她先后荣获“中国中铁劳动模范”“中国中铁优秀共产党员标兵”“湖北省五四青年奖章”“湖北省国资委青年岗位能手”等荣誉称号。2018 年 2 月 2 日，在共青团湖北省第十四届委员会上，当选湖北团省委兼职副书记。

坚定信念，敢于筑梦

2006 年，刚参加工作时，她害羞且懵懂。技校毕业的王艳鸽和一群小姐妹一起走进荒漠深处，进驻兰新线鄯善至哈密段信号配套改造工程，成为基层一线的一名劳务派遣工。

2 月的新疆，天寒地冻，室外温度零下 20 多度。黄沙遮天日，飞鸟无栖树。著名的百里风区，刺骨的寒风撕吼，让人心生怯懦。和所有 20 岁的年轻人一样，王艳鸽有着对这个陌生工作环境的好奇以及对自己美好未来的憧憬。和伙伴们在 70 多公里的区间上进行室外配线长达一个多月后，面对茫茫戈壁，她陷入了沉思。

看看自己，穿的棉衣棉裤为了保暖在腰间系着带子，穿着笨重的大头鞋在区间艰难行进，这样子哪有半点新时代新青年的鲜衣怒马。得过且过是一天，走心用功也是一天。她索性脱掉保暖的大头鞋，套上两双袜子，换上自己轻便的鞋子，早上五点半就出发，晚上十点以后才回驻地，一门心思扑在信号机旁和配线室里。

因为气温低、风沙大，中午由食堂送到现场的饭菜都凉了。夹着沙，就着冷风，王艳鸽如风中怒放的玫瑰，傲立戈壁。配线的手冻裂了，冻得没了知觉，她放到嘴边呵两口气，继续干活。在这样的条件下，她和姐妹们出色地完成了室外配线任务，工程按期优质开通。这群年轻的小姐妹，被业主誉为戈壁滩上“怒放的玫瑰”！

参与洛张线建设时，她已经成长为信号工班长，带领工班负责子陵至上大堰5站的ZPW-2000A无绝缘轨道电路小轨不纳入联锁电路修改施工。查看修改过的配线图后，她意识到配线图有问题，经过仔细研究、核对修改过的电路图后，发现配线图和电路图不一致，需把组合架和移频柜两边的线挪一下位置，更正后任务很快就完成了。根据电路图，她把这次修改后每个区段增配的小轨报警继电器都试了一遍，工作全部正常。

在贵阳枢纽驼峰楼调试轨道区段试验过程中，因驼峰轨道继电器和其他线路不一样，技术标准要求DG达到230mA、DG1达到380~580mA，以往通常是一人看图测试，一人在组合架前观察继电器的状态，花费时间多，工作量相当大。经过周密思考，她提出可行性方案，同时用两个继电器、两个万用表放到分线柜上接入所要测试的区段，这样就可以同时调试两个区段的电流，缩短测试时间，保证一送双受区段一次送电成功。

挺进“娄邵”，大展风采

“我是2006年参加工作，28岁加入到娄邵铁路建设的，从此我的人生，因娄邵而精彩！”在新入职大学生座谈上，王艳鸽谈起人生起步的转折点。

“是金子在哪里都会发光”。在艰苦的环境中，她傻傻地学、较劲地干，凭着这股踏实劲，在很短的时间里就熟练掌握了信号施工技术，多次在技能比武中取得优异成绩，并加入信号女子突击队，成为了第六代信号女子突击队队长。

2015年3月，娄底枢纽改造工程和娄邵区间新建工程正式拉开序幕。工程涉及线路长99.364km，全线11个车站（线路所场）共有连锁道岔387组，各类信号机277架，工程改造完毕后新设置调度集中分机（CTC）系统将纳

王艳鸽现场作业

入广铁集团调度所控制系统中，将大大提高娄邵线及广铁集团的运输能力。在接到娄邵线即将开工的消息后，她把孩子交给老公，就匆匆踏上了开往湖南的火车。由于多年工作经验的积累，她已成为信号分公司不可多得的精英人才，公司领导把此工程的重担再次交给了她。

完成人员培训、前期调查、安全技术交底等大量前期准备工作后，王艳鸽和她的队员们正式拉开娄邵线信号扩能改造工程的序幕。她每天下现场跟班，亲自指导示范，让队员们在新旧设备的对比中了解各自的优缺点，在反复操作中熟悉新工艺。在这个熟悉的过程中，为保证工程进度，通过集体动员，用时间换质量，用时间换工期，加班加点，每天工作都在十五个小时以上。

面对新信号机械室安装阶段种类繁多、安装条件复杂、项目技术人员匮乏、新工人经验缺乏等困难，为了保证工期正常进行，她积极配合协调，制定了一系列保障措施：安排现场作业人员新老搭配，以老带新；根据男生身体灵活力量强和女生细心工艺好的不同特点，安排男生爬架子放线、女生布线，相互配合，体现出力量和智慧的结合；将以前室内放线穿线板用的纸板更换成木板，在木板上钻 50 个大小均匀的小眼，穿起线来又快又准，一个小木板解决大问题，减少了无用功，提高了施工效率。

王艳鸽现场操作

作为女子突击队队长，王艳鸽倍感骄傲与自豪，但是娄邵线所有线路全部执行高铁标准，要求工艺美观，面对工期紧、任务重、施工难度大等问题，王艳鸽感到责任重大。7 月，娄邵信号女子突击队仅用半个月的时间，就完成了邵阳东新机械室共计 65 架组合柜的放线工作，进入焊线阶段。为保证施工进度和质量，并迅速完成从普铁工艺标准到高铁工艺标准的转变，她通过组织夜校学习、到邵山南高铁站参观等方式，让作业人员了解和掌握高铁信号施工作业流程，并从提升作业人员责任心入手，强化考核奖惩机制，让作业队干中学、学中练，在实战中练兵。施工过程中，她带领突击队员，大力发扬不怕苦、不怕累的连续作战精神，早出晚归，并主动放弃午休时间，困了就在机械室铺张纸板席地而睡，饿了就吃饼干充饥。功夫不负有心人，长沙电务段高铁站领导现场检查后竖起大拇指，连声称赞 :“很棒！很棒！”

一颗匠心，薪火相传

十三年的磨砺和锻炼，王艳鸽技艺日臻成熟，并养成了谦虚却不失自信、沉着却不失干练的作风。经她手的线焊点光洁、饱满，准确度高；经她手绑的线把横平竖直、美观大方，被业主誉为“工艺品”。她已然将“匠心”怀揣。面对大量的新设备、新工艺、新流程，她带领突击队员们刻苦钻研、集思广益，不断在新旧设备的对比中掌握各自的优缺点，在反复操作中熟悉新工艺、新流程，被业内誉为“配线、焊线能手”。

现在的信号女子突击队有 30 多名队员，绝大多数都是王艳鸽带出来的徒弟。在导通工序中，有个小技术员将线把一端的两个套管不小心弄掉了，时值工期紧张，她就找到王艳鸽，“鸽子姐，我找不到这两个套管了，能不能就把两根线和对应的端子随便接一下？”她当即放下手中的活儿，拿着丢失套管的线把对小姑娘说：“不行！你这样后期查找问题工作量就相当大了！千万不能这样做！”她对站在身边的其中一个小姑娘说：“你去线把的对向端，那边的套管是都在的，你一根根地测，和这边对应通了，接到相应的端子上面。”通过王艳鸽的指导，两个小姑娘配合，很快找到了丢失套管的编号端子并导通，小姑娘补上了套管并认真做好标记。

王艳鸽（左一）为年轻员工现场讲解操作要点

她曾带过两名刚从学校分配来的徒弟，因对现场作业的环境和强度都没有思想准备，一度萌生辞职的念头，经过交心谈心，那两个小姑娘坚定了留下来的决心，并跟着她认真地学起了手艺。

“我们施工看图是第一基本功，图纸的‘注明’非常重要，一定要认真熟记‘注明’的各项要求，然后跟着线路图施工”。她从放线识图教起，两个小姑娘就拿着笔记本认认真真将她的话记下来，作为工作的随身法宝。

在带徒弟的过程中，她还将焊线辅助工具制作小窍门、焊接工艺选择、焊接后线端长度预留量和绑把防乱等工作方法毫无保留地教给了徒弟们。理论和实际的结合，促成了徒弟们的成长，如今他们都已成为信号施工的能手。

步步生花，不负芳华

2018 年 2 月 2 日，共青团湖北省第十四届委员会举行第一次全体会议，王艳鸽以湖北产业工人的代表身份当选为湖北团省委兼职副书记，也是中国中铁系统内唯一一位任团省委（兼职）副书记的青年员工。

担任团省委兼职副书记以来，她参加了上百次各类社会活动，成为湖北省党的十九大、团的十八大精神宣讲团成员；参加湖北省青联“青力扶贫，联创梦想”走基层活动，致力脱贫攻坚工作；参加中国中铁的党代会、女工委全会，还有定期召开的湖北团省委会议以及各地方调研慰问。虽然在工地从事本职工作的时间少了，但她仍然钟爱着信号女子突击队的工作。她带领女子突击队在工艺上精益求精、在技术上不断创新。2015 年主持的《提高高速铁路有砟线路桥梁地段 ZPW-2000 型区间信号设备安装效率》QC 项目，获得中铁武汉电气化局一公司 QC 成果一等奖、中铁武汉电气化局 QC 成果二等奖；2018 年主持的《缩短电缆槽壁打钢轨引接线孔时间》获得中铁武汉电气化局集团 QC 成果一等奖、北京市第七十二次 QC 小组成果发表会三等奖；2019 年主持的《提高计算机联锁驱动采集模拟试验效率》获得中铁武汉电气化局 QC 成果一等奖，中国中铁 QC 成果一等奖、中国建筑业协会 QC 成果二等奖，这些 QC 成果的运用节约了成本，提高了施工效率，取得了显著的经济效益。

她所带领的中铁武汉电气化局信号女子突击队 2015 年荣获“中国中铁先进女职工集体”称号，2016 年荣获湖北省“工人先锋号”、“五一巾帼奖”、中华全国总工会的“工人先锋号”等荣誉称号，2017 年荣获湖北省“三八红旗集体”、中华全国铁路总工会授予的“全国铁路巾帼标兵岗”及中华全国总工会授予的“全国五一巾帼标兵岗”等荣誉称号。她和突击队员的先进事迹，先后在《中国妇女报》《工人日报》《中国青年报》等媒体广泛报道，成为中国中铁乃至全国铁路系统的先进标杆和靓丽名片。

王艳鸽是新时代产业工人杰出代表，也是中国中铁青年工人杰出代表，从基层一线的劳务派遣工成长为电气化信号专业的技术能手，她所带领的信号女子突击队也早已享誉全国。如今，兼职团湖北省委副书记的王艳鸽，正以自己的成长经历和奋斗精神，影响激励着广大的青年员工们奋斗不止、筑梦青春。

（作者：中铁武汉电气化局　罗晓鲜）

『在非洲工地淬炼初心
——记“中央企业劳动模范”，中国中铁特级技师陈永和』

采访对象：陈永和，男，中共党员，1965 年 7 月出生，甘肃静宁人，现任中铁七局海外公司刚果（金）卢本巴西地区设备部高级技师，中铁七局海外技术性工人的带头人。

他是一名普普通通的机械修理工。

他是一名坚守非洲 15 年的海外筑路人。

15 年时间，经他手保养的机械设备达 5000 余台、修复设备 700 余台；开展“小发明、小创造”50 余项，节约资金近 300 万元；带出当地的徒弟 150 余人，拿出近 4 万元资助他的非洲徒弟们，被亲切地称为“陈爸爸”。

他就是陈永和，1965 年 7 月出生，现任中铁七局集团海外公司刚果（金）卢本巴西地区设备部高级技师。参加工作 37 年来，他先后参与建设了青藏铁路项目、莫桑比克 151 公里项目以及刚果（金）卢本巴希等多个国内与国外重点项目的建设，先后荣获“中央企业劳动模范”“河南省劳动模范”“感动中国中铁十大人物”等荣誉。他不忘初心，用坚守与忠诚淬炼着自己的海外人生。

钻业务、提技能，勇做行业排头兵

2003 年底，38 岁的陈永和从海拔 4000 多米的青藏铁路施工线辗转来到万里之遥、疫疾肆虐的非洲国家莫桑比克，参加莫桑比克 151 公里项目的施工。当时的施工现场还是无边无际的热带丛林，没水、没电、没房子不说，连条能走的路都没有，方圆几十公里不见人烟。他二话没说就和先期到达的工友一起平场地、建营房。用了一个多月才把营区建成，非洲灼热的阳光把他们晒掉了几层皮。

在随后的项目大干时期，工地又遇到了大麻烦，从国内运去的施工机械水土不服，经常趴窝，多次影响施工，现场急缺机械维修人员。从国内调人不是个简单的事，正在项目部领导一筹莫展之时，曾经在国内干过机电维修工作的陈永和主动向项目领导请战，凭着自己掌握的机械知识，试着修复一些机器。没想到，这一试竟喜欢上了这行。白天，和工友们一起钻到工棚里，研究各种机器的故障，认真记下每个拆解步骤；晚上，和国内的专家联系，对照学习，不分时间，不分昼夜，争分夺秒地抢修。一天过去了，两天过去了……他的业务逐渐熟练起来，拆装发动机、安装液压缸、检修滤清器等主要工作都可以独立操作了。几个月下来，当看着一台台故障设备在自己手里起死回生，他心里那块沉重的石头才落地。

然而，在机械维修的道路上也并非那么一帆风顺，他在多年的职业生生涯中攻克了一个个难关，凭的就是骨子里那份执着和担当。在卢本巴西的一个工地上，他发现了一台搁置半年之久的挖掘机，项目上虽多次咨询厂家并组织人员检修，但就是无法运转，这也成了他的一块心病。三个日日夜夜，老陈翻阅资料、咨询厂家、上网查询，最终将故障锁定在他所熟悉的电路上，加班加点在蛛网般的线路堆中一一排查，终于找出病根，让发动机发出了隆隆的轰鸣声。在刚果（金）卢本巴西至里卡西公路修复项目,他发现了沃尔沃 500kW 发电机气门弹簧因质量问题容易断裂的隐患后，及时通知其他项目，加强沃尔沃 500kW 发电机的检查力度，及时调整气门间隙，观察配气机构工作情况，将可能导致发动机大修的隐患消灭在萌芽中，保证了地区 500kW 发电机的正常使用，避免了发动机的报废，节约了配件损耗。

历时三年多，莫桑比克 151 公里项目终于结束，他深感疲惫，因身体消瘦不适回到了国内，体检时被查出患上了非洲的血吸虫病，必须住院治疗。妻子和儿子看到他被折磨得寝食难安时，都劝他安心治病，不要再去非洲了。然而，出院以后，他却再次告别家人，又来到非洲中部的刚果（金）卢本巴西公路改建的项目现场，担任了项目部修理组组长。

勤学习、善思考，设备维修攻难关

对于设备维修来说，陈永和不是“科班”出身，半路出家的他，从学徒工做起，多年来一直边干边学。由于国内设备更新比较快，每新进一批设备，都要不断地学习和研究，他想，只有对新设备了如指掌，才能在维修过程中做到游刃有余。日常出现故障修理时，晚上回来后，他还带领大家坐在一块，总结一下当天设备的故障是怎么造成的、又是如何解决的、今后应该注意什么问题，大家你一言我一语，发表自己的看法。为了方便大家学习交流，他还建立了微信群。由于刚果（金）卢本巴希地区碎石场、副营地较多，比较分散，中方机修人员又少，还不是很全面，很多机修人员只是在某个方面比较专业，维修保养方面的理论知识比较少，建立微信群弥补了这方面的不足。比如，谁有问题解决不了，就发到群里面，大家都能看到，不管谁，如果知道这个问题是什么原因造成的，能够解决，他们之间就可以解决，不用再等专业师傅来修理。

陈永和现场维修机械设备

多年的机械设备维修生涯，让他积累了不少经验和窍门。他编写了通俗易懂的机械设备保养手册发到操作人员手中；一有空，他就给大家宣传机械保养的重要性；对一些复杂设备，他还托人从国内找来文字及影像资料，组织大家一起观看学习、共同研究。遇到实在解决不了的困难，他就通过长途电话寻求国内专家的指导，再和大家一起研究解决。十几年来，小到一个电风扇，大到几百吨重的重载卡车，都留下过他的汗水。他也从一名普通的机修人员一步步成长为机修组长。

十几年的经验让他知道，越是施工大干时期，越要注重设备的维护保养。每到施工最忙的时候，他都亲自带队驻守在各个工点，设备一有问题就立即排除，有力地保障了国外项目的顺利进行。他更换一个轮胎，不超过五分钟；油电路检修，手到病除。他要求修理组做到：小问题随到随修，一般故障不过夜，大故障突击抢修，车间内不积压故障车辆。这么一干，他就在非洲坚守了 15 个年头。他去到哪个项目，这个工地上的设备就变得温顺起来了，机械故障越来越少，工作效率越来越高——他成了个个项目都想争的香饽饽。

陈永和现场检修设备

强管理、育人才，海外发展增动力

陈永和不但自己刻苦钻研技能，还非常注重对团队的培养。对于一些复杂的机械设备维修，他总是搜集一些文字及影像资料，组织大家一起学习观看、共同研究；遇到少见而较难的维修任务时，他便尽量让大家都来边干边学，从而使整个团队的技能得到提升。在非洲的 15 年中，他所带出的中国徒弟有 13 人担任了地区设备主管，有 25 人担任了项目机械设备维修组组长。

他不仅带出了优秀的中方员工，对当地员工也是如此。不管修理任何设备，他都把当地员工叫过来，告诉他们是什么故障、怎么去做。有一个当地的修理工叫嘎斯巴力，因为家里太穷，从小就没上过学，连自己的名字都不会写，却非常喜欢修理机器，陈永和就手把手教他拆装机器。刚开始是连比划带说，告诉他维修原理和方法，有时候一个工序要教上十几遍，连翻译都说，他对非洲徒弟真比对自己的孩子还亲。正是有了陈永和的耐心教导，经过几年的磨炼，嘎斯巴力熟练地掌握了车辆的并线启动、电瓶充液保养、发动机安装等技术。有了一技之长的嘎斯巴力逢人便说："HERE IS MY HOME，CHEN

IS MY FATHER, NO MONEY I DO. "("项目部就是我的家,陈就是我的爸爸,就是不给钱我也愿意在这里干。")嘎斯巴力用自己朴实的语言说出了对项目部、对陈爸爸的那份感情。后来,那些非洲徒弟都喜欢叫他"陈爸爸"。他在非洲工作的 15 年里,不仅自己的维修技术得到了突飞猛进,还带出了 150 多名非洲徒弟,为当地培养了大量的机械维修人员。

陈永和现场指导中国和非洲员工

刚果(金)地区经理部经营规模大,机械设备的数量已达 560 多台套,他深知机械设备是工程单位的命脉,而机械设备的维修和保养是两个非常重要的环节,于是积极建立机械维修和保养管理制度,各项目设立专门的设备维修保养部门,挑选经验丰富、技术精湛的维修人员进行维修和保养管理,并进行严格的绩效考核制度。在设备使用方面,他要求必须坚持实行"二定三包"制度(定人、定机,包使用、包保管、包保养);机械操作人员要做到"三懂"(懂构造、懂原理、懂性能),"四会"(会使用、会保养、会检查、会排除故障)。以往大家忽视环境因素对使用机械的影响,未采取相应的保护性或适应性措施,致使机械使用性能降低、维修工作频繁、使用寿命缩短。为此,他要求加强对机械使用环境的控制,必须在施工现场采取有效措施,如经常使施工便道保持平整,及时养护,雨天将便道上的水坑及时填平,露天停放的机械盖上防雨布等,这些都有利于减少维修工作、延长机械使用寿命。

搞创新、献爱心，树立企业好形象

在15年的海外筑路生涯中，陈永和的生活是平凡而单调的，而强烈的责任心却使他的人生丰富多彩，他不仅带出了一大批优秀的机修工队伍，还总结出一套全面的非洲地区机械设备的管理心得。专业熟悉了，业务精湛了，他就有时间和精力投入到一些小发明、小创造当中。为了防止凯斯挖机柴油箱底管孔堵塞而影响设备施工，他加装了一套油水分滤器，通过双层循环，保证了设备工作的稳定性；他改造戴纳派克压路机排气管位置以解决发动机高温问题，改造装载机空滤以延长发动机寿命，加装时间继电器以延长起动机寿命等，用最小的改造工作取得最大的工作效益。非洲施工物资短缺，经常因为一些小的设备和工具造成施工的拖延，为了保证施工设备的正常使用，保证施工的正常进行，陈永和带领他的团队利用废旧材料和设备加工改造乙炔安全发生器及轮胎补液器，前者保证了电气焊工作的高效进行，后者为压路机轮胎的快速恢复提供了便利。除此之外，他还发明了车用发电机试验台等，提高了维修效率，降低了生产成本。海外工作的15年中，经他手的小发明、小创造、小改进多达50余项，不仅提高了施工生产效率，还节约支出近300万元。

在陈永和的心中，到非洲工作，不仅仅是要帮助他们搞好基础建设，更要通过自己的努力，树立中国公司的良好形象，不断增进中非人民的友谊。在莫桑比克施工期间，随着施工的进展，现场的作业点距营地渐远，为了提高效率，他带着几名当地劳工，就在距作业点最近的路边撑起了帐篷，开起了修理点。过往的当地车辆以为这是经营谋生的修理铺，便找他修理车辆，他总是利用业余时间免费帮助过往车辆排除故障。当地司机知道实情后，都由衷地对他挑起大拇指，发出了“CHINA GOOD!”的赞扬声。

舍小家、顾大家，无怨无悔淬初心

在国外，虽有非洲徒弟在身边作伴，但也难掩思乡之痛。常年的海外工作，也是对一名共产党员意志的考验。15年，他只回国休假了五次。

陈永和讲过一个故事，那是他出国后第一次回家休假，快两年没见爹娘妻儿了，思念亲人的他恨不得插上翅膀往家里飞。坐了几天的飞机火车，一进家门，年迈的母亲就颤颤巍巍地拉着他的手说："瘦了！黑了！"老父亲也站在一旁喃喃地说道："回来就好！回来就好！"人们都说：父母在，不远行。可是身为一名海外工程人，作为一名共产党员，必须服从组织的安排。望着白发苍苍的爹娘，他心里隐隐作痛。上小学的孩子放学回家，看到几年不见的爸爸，呆呆地站在那里，还是在妈妈的催促下，才怯生生喊了声"爸"。陈永和紧紧抱着儿子，久久没有放手。15 年，他有多次回家探亲的机会，可他几次都把机会让给了工友，自己坚守在工地。他常常自我宽慰：再干几年吧，等退休了，就可以回去陪他们了！

梅花香自苦寒来，非洲一行十五年，陈永和用自己的作为诠释了一名央企员工的坚守与忠诚，用自己的爱心谱写了一名中国企业员工与非洲兄弟和谐相处的感人故事，用自己的行动不断淬炼着一名海外人的初心与使命。陈永和的事迹，不仅在非洲的工友们中广为流传，也得到了中国驻刚果（金）经济参赞的高度称赞。

（作者：中铁七局　李昕）

『奋斗路上寻梦人
——记“中央企业技术能手”，高级技师罗超』

采访对象：罗超，男，中共党员，1981 年 5 月出生，2004 年参加工作，现任中铁九局检测公司高级技师，曾获“中央企业技术能手”“中央企业青年岗位能手”等荣誉称号。

参加工作15年，罗超不断突破自己，从一名初出茅庐的新进大学生，成长为工程试验检测领域的专家。先后获得了中国中铁第十届青年技能竞赛工程试验技能大赛先进个人、中央企业建筑材料试验工职业技能大赛“铜奖”“中央企业技术能手”“中央企业青年岗位能手”等荣誉。他初心不改、矢志不渝，攻克了一个又一个看似不可攻克的技术难关，创造了一个又一个令人瞩目的奇迹。

勤学苦钻奠基梦想

2004年，沈阳建筑大学无机非金属材料专业毕业的罗超来到了中铁九局集团工程检测试验有限公司从事土工试验工作。

入职后的他对工作表现出浓厚兴趣。他立下誓言：一定要把先进的理念引入到工程检测试验中来！一定要为企业施工检测铸就辉煌！

他是这么说的，也是这么做的。起初，他被安排到路基检测组学习土工试验和路基、桥涵基础现场检测。工作伊始，他就遇到了一些困难，尽管上大学时学习的材料科学与工程专业知识与检测工作比较贴近，但路基方面的检测工作还需要掌握许多岩土方面的理论知识。为了更快更好地进入角色，他白天完成日常工作任务，晚上开始自学岩土工程类的基础知识，多渠道地向公司技术前辈、大学教授虚心请教相关内容，积极参与施工现场的检测工作。为尽快积累经验，他对数据反复推敲，举一反三，提出了许多建设性的建议。

很快，他学习的知识就派上了用场。他完成了公司第一次的地基系数线性回归曲线的电子化，改进了地基系数检测装置的内部标定记录。公司领导了解到实际情况后，表扬了他努力拼搏、踏实肯干的工作精神，并多次送其去参加标准宣贯、技术研讨、岗位培训等会议。在2004年末和2005年初，他取得了铁道部试验员的上岗证书和辽宁省建设厅检测资格证书。2006年，参加了在北京举办的铁道部基桩检测培训班的学习，并取得了基桩检测上岗证书。而后的几年里，又先后取得了辽宁省“公路检测师”“室内环境检测”“回弹检测”“混凝土结构检测”“钢结构检测”等试验资格证书。这些证书的取得就是他努力学习、潜心研究的成果。

扎根一线谱写新篇

从 2007 年起，罗超先后到哈大客专、兰新客专、杭长客专、沈丹客专、盘营客专、吉图珲铁路等九局重点工程项目上开展试验检测工作。为了不耽误施工进度，他的试验检测工作常常不分昼夜，每当施工现场凌晨完成混凝土灌注桩桩头处理，他和他的检测设备也同时到场。有一次，施工现场连续几天下雨，基坑内部积水严重，侧壁土质开始松动，情况岌岌可危。为了尽快完成承台的施工作业，他决定冒雨检测。在通知施工现场抽出基坑内积水的同时，他打开设备电源检查电量、包裹设备做好防雨措施、捋顺接线，确保长度足够，带好所有工具后下到基坑中开始检测。在奋战近 2 个小时后，终于完成了桩基检测工作。4 个小时后，罗超和他的检测设备又出现在了另一个工程的路基施工现场。

几年间，他的技术能力提高得很快。领导开始安排他担任项目带头人，主抓管理工作，并为铁路工程的基层人员开展业务培训，讲解国家最新下发的技术标准和验收规范，解答基层试验检测人员的问题，为现场人员解决实际工作中的技术难题，得到了各个项目部主管领导的好评。2012 年开始，他先后主抓了“沈阳市浑南新区有轨电车工程”“迎十二运沈阳市市政道路桥梁新建工程”“新建沈西工业走廊火石岗至渤海铁路工程”等局外工程的第三方检测工作,同时,还负责“青海省民和至小峡一级公路工程”的检测管理工作。其中，在“沈阳市浑南新区有轨电车工程”的建设工作会议上，他代表建设单位的检测部门，向主管该项目的市委领导作了详细的工作汇报，从专业的角度解答了有轨电车轨枕在施工过程中因短轨枕冻融破坏所产生的质量问题，改革创新了整体冻融检测判定方法，提出了解决混凝土开裂的方案及预防措施，赢得了市委领导及建设主管领导的高度评价。

2014 年，他担任中铁九局京沈客专 TJ-4 标中心试验室主任，立足于

罗超试验室操作

“抓住成本控制，提高试验工作价值”，以“精细化管理，降低工程成本”为工作目标，将工作重心放在了配合比的优化工作上。他为项目部提供了配合比优化报告,本次优化为工程节约了大量成本(与其他标段相比较，每立方米混凝土约节省成本7元左右，整体工程约节省近900万元的成本)，带来了较大的经济效益；本次优化还在高性能混凝土综合优化技术上提出一定的创新点，突破了以往配合比设计时外掺料掺量的固有模式，具有较高的技术水平；本次优化还做到了以成本管理为核心、以精细化管理为手段，为今后进一步管控工程细节提供了良好开端。在京沈项目试验管理工作中，他也投入了大量精力，主编了《京沈客专辽宁段TJ-4标试验工作管理办法(暂行)》《工区试件编号规则》《京沈客专辽宁段TJ-4标冬季施工方案(试验室部分)》等相关技术管理办法，从纲领性质的试验管理、试验内业资料格式，再到混凝土试件编号等细节方面都作了统一要求,达到了京沈公司的有关要求。除了完成日常的检测任务外，还主抓对混凝土实体、路基实体、各类原材料进行抽查检测工作，防止因样品代表性不强而造成工程质量存在隐患，严格按照各项标准要求对工程质量进行科学、系统的检测，施工过程中一旦发现不合格材料，立即下发不合格通知单，为工程严把质量关，为项目部领导第一时间提供真实准确的现场情况汇报。由于工作出色，得到了京沈公司、朝阳指挥部、项目指挥部领导的高度认可。在 2014 年 12 月份京沈公司组织的创优评比中，他负责的试验室各项考核指标均为第一名，取得了京沈客专“优秀试验室”的荣誉称号。

罗超与工友现场交流

引领公司创新发展

与此同时，罗超同志还负责组织更新公司实施的 2016 年“质量手册”“程序文件”“作业指导书”“九局一体化文件”等技术性文件，为公司的规范性管理出谋划策。他还连续几年成功组织了全局检测系统的试验能力验证工作，提升了各层级试验室的检测能力。

2017 年初，公司资质认证证书到期准备换证评审工作。大年初四，他就开始了准备工作，亲自组织技术人员整理公司的检测产品、项目及参数，制定设备的检定校准工作，分类各行业的检测标准、施工规范……听着新春的鞭炮声加班到深夜。那年春节，他和他的团队几乎没有休息，终于换来了公司 2064 个参数的顺利通过，使公司成为了中铁系统中检测参数最多的局级检测公司。在科研专利方面，他研发了“灌水法储水筒改良检测装置”这一实用新型专利，组织公司申报了“锚杆拉拔试验位移测定支架”“触探拔出装置”“拌合站粉料仓下料器”等 3 项专利。

2018 年上半年，在他的精心策划下，让公司成功地进入辽宁省科技小巨人企业培育库和辽宁省 2018 年科技型中小企业名录，并成为高新技术企业、沈阳市中小企业公共服务示范平台、沈阳市科技条件平台服务机构，获得了政府科技开发补助资金 100 余万元，并每年为公司节约税收 100 余万元，为企业的技术创新研发注入了活力和动力。

2017 年罗超同志参与研究的课题《兰新高铁穿越古长城段文物保护技术研究》先后荣获了 2017 年度中国铁路工程总公司科学技术奖二等奖及 2017 年度中国施工企业管理协会科学技术进步奖二等奖。他参与的“CRTS Ⅲ型无砟轨道板预制施工技术研究”“低碳水泥制备关机技术研究”“客运专线 (350km/h) CRTS Ⅱ型板式无砟轨道板预制施工技术研究”三项课题研究分别获得了局级科技进步一等奖一项和三等奖两项，并帮助公司申请了一项局级合理化建议二等奖。他还与辽宁省建设科学研究院等多家单位的专家共同编制了《建筑工程混凝土结构防腐技术规程》DB21/T 3101-2019 专业标准。

罗超指导年轻员工

荣誉奖项硕果累累

罗超在岗位上的勤学苦钻、实践创新，让他稳步成长、收获荣誉。

他不断突破自己，在 2011 年中国中铁第十届青年技能竞赛工程试验技能大赛中获得个人第五名、团体第二名，在2013年中国中铁第十一届青年技能竞赛工程试验技能大赛中获得个人第十名、团体第三名。由于技能娴熟、成绩稳定，他被股份公司选拔代表中国中铁股份公司参加2013年中央企业建筑材料试验工职业技能大赛，获得了大赛“铜奖”，被授予“中央企业技术能手”“中央企业青年岗位能手”荣誉称号，更荣获沈阳市委等机构颁发的“沈阳市第七届优秀专家”“沈阳市高层次人才拔尖人才”等荣誉称号。他的不断思考、执着勤奋、良好心态，在每天进步一点点的积累下，积累出大踏步前进的巨大能量。

公司还以他的名字命名了首个专家型职工创新工作室和首个技能大师工作室，给公司技术创新和技术传承提供了一个平台。作为领军人物的罗超同志集聚大家的智慧，带领并解决了工作中的很多技术难题。工作期间，他先后编制了《中铁九局试验员常规检测项目视频教学培训光盘》《中铁九局试验员工作指导手册》，形成了系统的试验检测工作的培训教案，多次为施工一线的基层检测人员开展培训工作，每年的技能培训高达400余人次，为施工现场检测工作解决了大量技术难题，是不折不扣的“技术难题处理器”。几年来，先后培养出中国技能大赛中国中铁股份有限公司职业技能竞赛试验技能大赛前十名选手2名，中铁九局工程试验工技术状元、技术能手等10余名；工作室的技术骨干多次获得“全国技术能手”“中国中铁技术标兵”“中国中铁青年岗位技术标兵”“中央企业技术能手”等荣誉称号。他主持的专家型职工创新工作室先后被评为五星级“中国中铁劳模（专家型职工）创新工作室”和“沈阳市城建交通农林工会职工创新工作室”。

一路走来，从无到有，一个个技术创新，一项项发明专利，给企业实现了非常可观的利润，但是罗超同志始终保持着一颗谦虚的心，在奋斗的路上不断前行，通过精益求精和科技创新，披荆斩棘，续写辉煌。

（作者：中铁九局　王艳梅）

『追梦工匠

——记学习型技能人才，中国中铁特级技师缪启宾』

采访对象： 缪启宾，男，1973 年 3 月出生，江苏省宝应县人，现任中铁北京工程局集团北京有限公司机械分公司高级技师。

伟大的中国梦，给亿万中华儿女提供了与祖国和时代一起成长与进步的机会，也使千百万建筑劳务工拥有了追求梦想的广阔空间和人生出彩的机会。“工匠精神”是骨子里透露出的一种决心和信念，更是工作中流露出的一种严谨和踏实。将工匠的精神力量转化为前行力量，奋力开创新时代建筑企业新局面，为企业的发展作出更大贡献！

一个具有远见卓识、勇于担当的央企——中铁北京工程局北京公司，拥有一批又一批劳务工建设大军，共同为实现中国梦、实现人生理想而奋斗，培养和造就了数不清的建筑技术人才。

他叫缪启宾，1993 年高中毕业后，就来到企业做起了机械维修劳务工并爱上了这一行。作为一名普通工人，他不断充电强身，攻克无数机械设备难关，代表北京公司参加集团公司在武汉铁路桥梁学校组织举办的技能比赛，取得了电工个人和团体第一名的优异成绩；他不断提升自己，取得了郑州大学机电一体化大专文凭。2017 年被企业聘为电工高级技师。工作以来，已为企业创造了近百万的经济效益。

追梦——在零点基础上起步

1993 年 6 月对缪启宾来讲是人生的关键点。高中毕业后，父亲将他带到自己的单位。他在心中告诉自己，“一切从零开始”。没有技术，他先到深圳职业学校进行短期建筑机械培训。掌握了一些建筑机械初步知识后，他幸运地在中铁建工集团承包公司做起了普通的机械修理劳务工，特别是 2004 年来到北京公司后，他愈加感受到从领导到员工对他的信任与尊重，企业为他搭建平台，让其施展才华；企业的关心和栽培使他对企业的感情逐渐加深,从而也更加热爱企业、热爱所从事的专业。正因为热爱这行工作，才能持之以恒探索建筑机械的奥秘；为了梦想，他不断充电强身，攻克无数机械设备难关；为了热爱，他将生活的全部奉献给了工作。

在与师傅们的工作中，在与机械打交道的过程中，他发现这些垂直运输等大型设备多数为出现电路原因导致的故障，而他对这一块的认知还是空白。为了尽快提高电器知识水平，每天晚上下班后、休息日，他都拿着机械设备电路说明书，蹲在塔吊控制室，一遍又一遍查看电气工作原理。在塔吊司机休息时，他爬到塔上，就遇到的工作难题虚心求教。功到自然成，经过几年的摸索，他对于塔吊及各种大型机械的一般电路故障都能排除，并具有了独立安装调试设备的能力。比如中铁西安中心，这是集团公司承接的第一个超高层工程。地下 3 层、地上 52 层的超高层钢结构，需要的塔吊设备距离地面水平距离 30 米左右，自重和起重量都比较大，安装难度是罕见的，安装辅助吊车选用 240t，安装设备电气采用目前最先进的 PLC 可编程控制，按照以往方法安装没有四天是不能完成的。但工期不等人，为保障工程进度，他一刻也不敢怠慢，科学组织安装调试，仅用一天半的时间就完成了光外套架、电机、配电箱、连接电缆、基础节、套架、回转、塔帽、平衡臂、起重臂等安装调试工作，得到了公司领导、项目部的充分肯定，业务水平令同行刮目相看。

缪启宾现场操作

他没有因此满足，深知无论是超高塔吊，还是其他机械设备的电路技术含量都在不断提高，特别是变频器调速技术已取代过去直流调速、滑差调速、变极调速等调速系统，成为现代电力传动技术重要发展方向；但由于受到使用环境、人为操作等因素影响，变频器的可靠性大为降低，在使用过程中出现各种故障，给施工带来不利影响。

他主动找到领导，提出要继续学习、提升自己。从2010年4月到2013年5月，他取得了郑州大学机电一体化大专文凭。三年的在职深造，使缪启宾的机电理论知识有了质的飞跃。在2011年6月参加山海关山桥技校电工技术及变频培训后，他相继考取了机械员、电气质检员、建筑电工等多项执业证书。坚持不懈的学习，使缪启宾成长的翅膀异常坚韧，时刻准备着为企业作出更大的贡献。

在为企业发展贡献力量的同时，他也在追求着自身价值的实现，继2013年成为企业正式职工之后，2017年又取得了特级电工技师资格，被企业聘为特级电工技师，实现了由普通劳务工到高级技师的跨越。新时代工匠精神提出“建设知识型、技能型、创新型劳动者大军，弘扬劳模精神和工匠精神，营造劳动光荣的社会风尚和精益求精的敬业风气”，他用朴实，坚韧的态度，将工匠精神融入工作，带动着团队中每一个人，为企业的发展更进一步。

建功——在普通岗位上奉献

在机械分公司，缪启宾说过，做自己喜欢的、擅长的事情，在自己喜欢、擅长的工作岗位上创造出价值来，做一行，爱一行，就是爱岗敬业爱国家。大部分工地都是24小时施工，他经常三更半夜在睡梦中被电话铃叫醒，立即赶往现场对机械设备进行故障排除，白天还有其他的工作要做，却从无怨言。

公司一台FO23B型号的设备是1998年出厂，经过十多年的使用，该设备机构磨损严重、技术落后，在使用过程中频繁出现故障，租用过程中多次给单位造成不良影响。单位领导下定决心进行大修，可咨询后得知该机构厂家早已停产，市场上配件少见，不禁望而生叹。缪启宾迎难而上，主动承担起老旧塔吊技术改造重任。他借助和参考先进塔吊机构，严格按照技术规范和机构设计图纸，对该机构进行了技术改造，最终变废为宝，还具备了电流冲击小、调速性能好、故障率低等新性能，为单位节省了数十万的资金。

2016年6月，在曹妃甸职教城工地，一台中联TC7030B型塔式起重机突发状况，连续烧坏3台回转15kW变频器。他赶往工地后发现，该工程临

缪启宾指导学员

近海岸线，季节性阵风风速较大，风速仪显示瞬间风力达到8级到9级，设备在运行时，突然出现阵风，该设备70米起重臂迎风面积大，负载瞬间加大，因此出现了不可避免的超载运转情况，由此导致变频器内部温度高，逆变器模块超负荷被击穿烧坏。他对回转变频器进行更换，更换后的变频器大大增加转矩，运转平稳，保证了设备正常运转。此问题的解决，在为项目部省下近三万元维修费的同时，还确保了机械分公司台班租赁收入。

2018年6月初，西安立丰国际广场租用的塔机H3/36B回转连续烧坏2台145N·m电机，现场电工更换2台新电机、回转控制器RCV电路板后，还是无法正常运行。他在结束完深圳设备检查保养后准备返京，在接到工作安排后二话不说又连夜赶往西安，到工地后顾不上休息，直接上塔，确定新电机刹车和线圈都正常，检测L1、L2、L3输入电压正常，再检测U、V、W输出电压后，发现三相不平衡，确认还是RCV电路板的问题，应该是RCV内部PWM系统的双向可控硅坏了。更换3组双向可控硅后，U、V、W输出电压正常，从200多伏逐步增加到390伏，回转运行速度也逐步增加（无级变速），电路恢复，设备正常运行。

京雄城际铁路是中铁北京工程局乃至全国的重点工程，2018年2月晚上12点，新机场TC7030B塔吊75kW变频器出现PG0故障代码，驻扎在现场的电工无法排除故障原因，他接到电话后立马赶往工地，在零下十多度的天气下爬上塔吊，与塔司寻找原因并排除故障，首先考虑旋转变码器故障，再确定刹车，基本确认为 60kW 电机机械卡死。他连夜拆开 60kW 电机，打开电机两头端盖，发现全是冰块，于是用碘钨灯进行烤热，清理冰块，直到早上 6 点才结束工作，确保了第二天塔吊正常投入使用，为京雄城际项目保工期贡献了力量。

一个个质朴感人的故事，让大家深深感受到他对事业的炽热情感和无私付出，更感佩于他用生命铸就的辉煌。他的精神激励着我们以“严”要求自己，以满腔热情和信心全身心投入到工作中，全面提升综合素质，不断提高工作能力，尽职尽责，在平凡的岗位上创出新成绩。

升华——在自我突破上跨越

在日常工作中，缪启宾非常喜欢钻研和思考他所从事的电气方面的问题，对回厂待租的老旧设备进行电路技术改造和革新，将机械的性能最大程度地发挥了出来。自担任机械主要负责人以来，他一直致力于新技术、新工艺、新材料的推广应用工作。凭着极其强的创新精神，他在机械维护维修技术这个传统的专业领域，不断进行创新改革，在工作之余刻苦学习，不断突破自己——查字典，学外语，研究说明书，提高电气专业知识，为的是能更好地弄懂机械零件的说明书。变频器和 RCV 电路板价格昂贵，每年都需要维修十几件，经他修好的变频器和 PLC 安装在 TC7030 和 TC7525-16D 上，RCV 电路板和 VAC 电路板安装在波坦塔吊 MC200 和 MC120 上，先后在广安门铁路住宅小区、深圳汇通大厦等项目使用，节省了近 20 万元的维修费用，挽回单位租赁费收入近 50 万元。

这几年，北京公司步入了稳健的快速发展期，生产规模愈来愈大，施工战线也越拉越长，工作的时间地点却都是不固定的。半夜一个电话，他就要奔赴施工现场，解决机械电路难题。同时，一批又一批现代化大小型机械在施工现场得到应用，给他提供了难得的施展才华的舞台。他以过硬的技术迎接着一个又一个挑战。与此同时，为了企业的长远发展，他主动做好传、帮、带工作，毫无保留地把自己的技术和实践经验手把手地传授给新人，先后培养了多名设备维修电工，目前均能独立完成各项维修、安装、调试工作，在各自岗位发挥着重要作用，得到了公司领导和同事们的一致认可。

他先后参与了深圳火车站、北京南站、北京羊坊店工程、北京北站、太原南站、兰州西站、中铁·西安中心、深圳地铁汇通大厦、西安立丰国际广场、京雄城际铁路等重点工程。多年在施工一线摸爬滚打，他始终坚持一个质朴的信念，他始终不忘是企业给予的学习、工作平台，才使他从一个高中毕业的劳务工成长为有大专学历的高级技师。随着时代的发展，电气工艺越发成熟，机械更加先进，必须跟上时代的脚步，让自己不断地充实知识储备，让工匠精神持续发光，树匠心、育匠人，为企业的基础奠定更加牢固的信心。

缪启宾现场操作

既然选择了一份职业，就要一步一个脚印，脚踏实地、不遗余力地做好。在一个个项目建设中，缪启宾用实干练就了一身真本领，用出色的业绩交出了一张张让企业满意的答卷。正如他自己所说：每天进步一点点，不仅为自己感到骄傲，更对未来充满了信心。企业同样期待着缪启宾不断超越自己，一路欢歌。

（作者：中铁北京局　马欢）

『不忘初心　勇往直前
——记“四川省五一巾帼标兵”，高级技师钟安珍』

采访对象： 钟安珍，女，中共党员，1978 年 5 月出生，四川省成都市人，现任中铁八局桥梁公司混凝土制品项目部质检班高级技师，2018 年“四川省五一巾帼标兵”获得者。

她叫钟安珍，是中铁八局桥梁公司混凝土制品项目部的一名质检工。13 岁那年，父亲因病去世，16 岁那年，她告别母亲，独自远赴铁道部贵阳车辆厂技校求学。家庭的变故、生活的苦难让她迅速成长，性格独立且有主见。学生时代的周末，大部分同学都是在穿衣打扮、吃喝玩乐中度过，而陪伴她的则是各种书籍，她把对家人的思念寄托在看书、写字当中。

1997 年 6 月，她来到铁道部成都桥梁厂报到。因为学的是电焊专业，最初公司安排她作电焊工，两年后，她开始学习与混凝土预制相关的工作。这期间，她绑过钢筋、打过混凝土、干过测量工，也做过技术内业。在各个生产班组工作的这段经历，让她对混凝土产品生产的各个环节了如指掌，也为她今后从事质检工作打下了坚实基础，是她终身受用的财富。《史记》有云，“善始善终，善作善成”。一晃眼，她在桥梁公司工作已 21 个年头了，回顾这 21 年的经历难以忘怀。

超越自我，坚韧不拔，逆境锤炼坚强意志

举世瞩目的青藏铁路格拉段于 2001 年 6 月动土开工，摆在建设者面前的是冻土、高原缺氧和生态脆弱三大世界级难题。克服千里冻土的技术措施之一是修建高架铁路，成桥厂承建了格尔木至拉萨段的一部分 T 型桥梁任务。有了项目工程就得有人去干，可因为地处高原，工作环境太差，愿意去的人寥寥无几。2002 年 2 月底的一天，她听质量处的刘处长和人说起这个项目缺少工作人员的情况，喜欢挑战的她毫不犹豫地主动请缨，赶赴青海，将无悔的青春奉献给青藏铁路。

这一年她 24 岁。同事们都很不理解，为什么她愿意为了工作而放弃和爱人长相厮守的快乐时光，而远赴气候恶劣、令人望而生畏的地方？为什么别人都不愿意甚至害怕的事情，她却主动申请去干？可她却认为青藏铁路是个伟大的工程，参建这样一条铁路，可以磨炼意志，锻造一颗坚韧不拔的心。

2002 年 3 月 8 日，在大家费解的目光中，她从成都出发，乘坐了两天两夜火车，来到了距家1300多公里、海拔3080米的青海省格尔木市南山口的戈壁滩上，这里是青藏铁路的新起点。放下行李，她才发现这里的苦寒远远超过了她的想象。除了项目所在地，四周都是一望无垠的戈壁，犹如进入原始荒野，满目苍凉，毫无生气。这里稀薄的空气，犹如有人紧紧遏住自己的喉咙难以呼吸。站在原地都感觉天旋地转，让她寸步难行。

戈壁滩地表全是砂砾，生活用水是用运水车从几十公里外一车一车送来的，工地上没有办法洗澡和洗衣服。她们只能趁着单位货车进城买菜的机会一周甚至十来天进城一次。生活上的不便，还能克服，环境给人带来的不适更让人难以忍受。梁场位于高海拔地区，对于来自成都平原的她们，走路这件简单的事也觉得困难，走不了几步就直喘粗气，腿像灌了铅似的，迈不动。

她从事的混凝土灌注检查工作多是在夜晚进行，夜班工作没多久，她便出现了头疼流鼻血的高原反应。上白班时，在火辣辣的太阳底下，强烈的紫外线，漫天的风沙，犹如在炉子上被炙烤，热浪席卷着每一寸土地，使人喘不过气。在这样的环境下工作，她没有抱怨，克服了身体上的不适，扛着工具行走在工地。她知道，只有投入百分之百的努力，工作能力才能提高。“缺氧不缺精神，风暴强意志更强，海拔高追求更高”这句高原上的标语从上高原的那一刻就深深地印在了她的心里。

在戈壁滩工作的这段经历，环境的干涸和苍凉不止开阔了她的视野，舒展了她的心胸，更给了她坚强、忍耐、抗争的意志，不懈追求、顽强拼搏的勇气和力量。感谢爱人杨坤对她的理解，同样作为桥梁人的他一直坚定地支持她，主动放弃了家里舒适的环境，在两个月后也毅然调来青海工作。

脚踏实地，忠诚履职，战场提升工作能力

2019年3月2日，《厉害了，我的国》在各大院线上映，镜头下的中国桥、中国路、中国港尽显大国雄姿、中国智造，中国人站起来、富起来到如今

钟安珍操作地铁管片生产信息化系统

强起来，亿万观众通过镜头感受到视觉和心灵的双重震撼。作为中铁建设者，作为中国路中国桥修建者中的一员，她更是心潮澎湃，她以此为荣！以此为傲！

《厉害了，我的国》纪录片中的中国高铁实现了弯道超越，从和谐号到复兴号，无论速度、安全还是营运都不断刷新世界纪录。这其中，铁路建设者的艰辛付出功不可没。在 2000 年初，高铁技术被美日等西方国家牢牢垄断，要发展中国高铁，只能奋起直追，靠自己研发和建设。她有幸跟随公司成为了第一批吃螃蟹的人。

2005 年，中国首条无砟轨道——遂渝无砟轨道开始施工，她参与到轨道板产品的研发和试制中。为了尽快掌握新产品的生产技术，她努力学习各类知识。在生产过程中，生产材料选择、钢筋骨架绝缘性能检测，预埋件安装、混凝土灌注……每一道工序她都全程监督、反复分析，并做好相关技术数据的采集和整理工作，积累了丰富的经验。项目部生产新产品、组织 QC 活动、编写工法，她也全力参与，提供各种质检数据。最终，她参与的《CRTS I 型板式无砟轨道用混凝土轨道板工法》获得 2007-2008

钟安珍进行型式检验抗弯试验

年度国家一级工法奖。

爱岗敬业，勇于担当，岗位练就全面技能

2010 年，桥梁公司成功打入了成都地铁管片市场，承建成都地铁一号线混凝土管片预制工程。8 月，她从制品轨道板车间调往管片车间担任质检班班长。作为质检班长，她需要比操作工人具备更熟练的技能，能发现他们不能发现的，能解决他们不能解决的。质检工作不仅仅是检验，更多的是发现问题和纠正问题，这种能力只有靠工作中的一点一滴积累而成。

一开始，总工交给她一本图纸，给她安排了两个实习生，就让她投入前期准备工作。抱着管片设计图，她有些发懵，这可是她完全没有接触过的新产品呀？没有施工图，也没人指导工作，她开始问自己："我能行吗？"虽然已有多年的质检工作经验，但对于生产管片还是第一次接触。为了不辜负领导的信任，唯有硬起头皮迎难而上，这对她又是一个新的挑战、又是一次突破自己的机会。

说起来容易，做起来真是太难了。面对一个新产品，没人指导，没有参考，只有一本冰冷的图纸躺在那里。她该怎样指导同样是一片茫然的工人将钢筋骨架制作出来？面对没有捷径的挑战，她没有退缩。图纸在反复翻阅中早已烂熟于心，可是在下料过程中她发现，按照图纸上的长度尺寸下料，满足不了成型尺寸，而满足了成型尺寸就满足不了弧度要求。本着一丝不苟的求真态度，她和工人们开始一遍又一遍地制作钢筋、检查尺寸。不合格，重来！又不合格，再重来！记不清经历了多少次的反复，才得到合格的钢筋半成品。

当她们准备焊接时，又遇到了难题——图纸上根本就没有钢筋的摆放顺序。她戴着手套亲自操作，一根一根、来来回回地摆放了不知多少遍，最终拼出一个个重达几百斤的骨架。从骨架的制作到配件的安装，直到成品脱出模型，一个月的艰苦摸索，她得到了充分锻炼，工作能力显著提高。生产初期积累的经验和技术，为后来管片的批量预制提供了保障。

项目部每年开展 QC 小组课题活动，她都积极参与其中，研究解决方案。近年来，通过在工作中的观察、分析和总结，她每年都会向领导提出许多建议，使管片预制工艺更加完善。高效率的生产线、高质量的产品也为中铁八局桥梁公司树立了良好的口碑，“成桥牌”预制混凝土衬砌管片名扬四海，荣获“四川名牌”称号。

感恩感德，坚持学习，职场迈向成功阶梯

自参加工作以来，她先后 3 次被评为“先进工作者”、4 次荣获“先进女职工”称号，2013 年被授聘为混凝土技师；2014 年在公司举办的质检工技能大赛上荣获一等奖；2015 年获得公司“年度群安员之星”称号；2016 年同时荣获桥梁公司“先进工作者”和集团公司“先进女职工”称号；2018 年被授聘为混凝土高级技师。她参与了多项国家级、省部级工法及技术成果的攻关，参与的科技成果多次获得国家级、省部级、公司级奖项，被编写进工法。2015 年 3 月当选职工代表参加公司第二届五次职代会，2016 年 9 月当选党代表参加公司第三次党代会。2019 年 3 月，在四川省总工会“不忘初心跟党走，巾帼建功新时代”三八节纪念活动上，她获得了“四

钟安珍现场与工友交流

川省五一巾帼标兵”“四川省五一巾帼奖章”荣誉称号。她是制品项目部的“党员先锋模范岗”,所带领的制品项目部“巾帼质检班”现有员工 77 名，其中女工 54 名，负责管片、轨枕、岔枕、PC 构件的生产及发运质量验收工作，是一只特别能战斗的队伍，2014 年、2015 年、2016 年连续三年被桥梁公司评为先进班组。

这一切的荣誉离不开公司这么多年来对她的培养和关怀。20 多年来，她从一名普通的电焊工成长为技能全面的质检班长，从一名平凡的工人成长为获得省级荣誉的先进代表，公司各级领导和组织悉心栽培了她。能在中铁八局这个大家庭里她非常幸福，也收获了良多。感谢中铁八局，感谢桥梁公司，感谢她刚参加工作时的室友王江。王江是桥梁公司唯一的女项目经理，全国火车头奖章、全国五一巾帼标兵、连续两年股份公司优秀项目经理获得者，她的博学和勤勉给钟安珍树立了榜样，让她明白了学习和提升自己的重要性。

学习是进步最有力的武器。和身边每一个人共事，她都努力发现他们的优点并向他们学习，学习他们对工作的认真态度，学习他们的经验和方法。她始终相信，只有勤勉和坚持不懈的学习，才能提高自己。她几乎将所有的时间用在钻研技术上，努力将自己的工作吃透干好，这样的信念使她取得了今天的成绩。今后，她将加倍努力，学习专业技术，同时积极参加女职工读书活动，多读书，读好书，从书籍中汲取营养，在实践中提升技能。

因为工作原因，要长期上夜班和出差，孩子的成长过程她经常缺席，在这里她要对家人说一声抱歉。同时，她也要感谢家人一直以来的理解和支持，以后的日子里，她将用加倍的努力来回报家人的付出。

这是一个充满竞争但是也恪守公平的时代，人们认可个人品牌，也认可那些悄无声息的努力和汗水。质检工作是个苦差事，却是她热爱的事业。做自己喜欢的事，开始虽然会很难，但只要投入饱满的热情，就会渐入佳境、获得成就。作为铁路建设行业的一线女工，她一直受到公司女工委的关怀和帮助，她满怀感恩。新时代新征程，她将不忘初心、不负时代、不辱使命、勇往直前，不断发挥好传帮带作用，让巾帼质检班再接再厉、勇立潮头，再立新功！

（作者：中铁八局　杜婷、肖玉鹏）

图书在版编目（CIP）数据

工匠之歌：献给奋战在生产一线的中国中铁人/中国中铁股份有限公司编委会组织编写．—北京：中国建筑工业出版社，2019.9
ISBN 978-7-112-24156-9

Ⅰ.①工… Ⅱ.①中… Ⅲ.①铁路工程－工人－先进事迹－中国 Ⅳ.①K828.1

中国版本图书馆 CIP 数据核字（2019）第188016号

责任编辑：李　明　李　杰
书籍设计：康　羽
责任校对：党　蕾

工匠之歌
——献给奋战在生产一线的中国中铁人
中国中铁股份有限公司编委会　组织编写
*
中国建筑工业出版社出版、发行（北京海淀三里河路9号）
各地新华书店、建筑书店经销
北京雅盈中佳图文设计公司制版
北京市密东印刷有限公司印刷
*
开本：787×1092 毫米　1/16　印张：15　字数：212 千字
2019 年 9 月第一版　2019 年 9 月第一次印刷
定价：45.00 元
ISBN 978-7-112-24156-9
(34677)
版权所有　翻印必究
如有印装质量问题，可寄本社退换
(邮政编码 100037)